ファイナンス・ライブラリー 1

金融デリバティブズ

小田信之 著

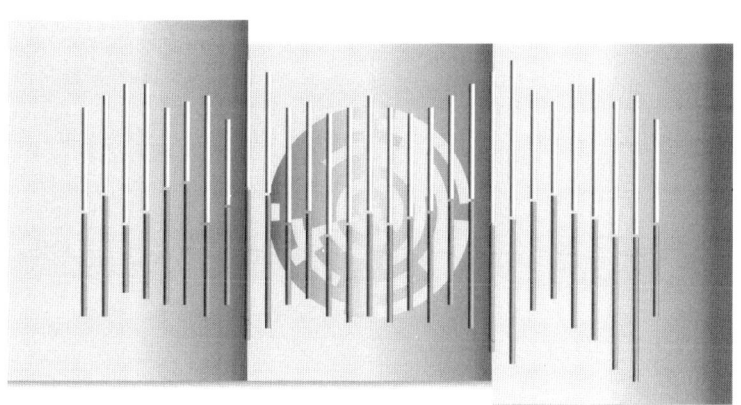

朝倉書店

はしがき

　本書は，金融デリバティブズ（金融派生商品）の扱いにおいて重要な位置を占めるプライシングおよびリスク・ヘッジの技術を中心に解説するとともに，その延長線上で，信用リスクを有する金融商品のプライシング理論についても説明を行う．一般に，金融デリバティブズを扱う上で必要な情報は多種多様であり，プライシング理論などの数理ファイナンス技術のほかに，商品知識，取引形態，法制，会計，税制などの分野が含まれる．それらを網羅的に整理することは他書に譲り，本書は，数理的な技術に特化して解説を行う．ただし，本書は，公式の証明などに重点を置く数学的な文献ではない．むしろ，プライシングやリスク・ヘッジの方法論をコンパクトに整理し，実務遂行上の要点を明らかにするのが目的である．そのために，抽象的な方法論だけでなく，具体的なデリバティブズの商品例や応用計算例なども盛り込み，プライシングやリスク・ヘッジの現実を実感できるように配慮した．このように理論と実務の橋渡しをするという目的意識は，金融デリバティブズの解説だけでなく，最後に言及する信用リスクのプライシングについても一貫させた．

　本書は，大きな3つの章から構成されている．第1章では，デリバティブズ一般を対象として，プライシングとリスク・ヘッジの方法を中心に解説する．はじめに，各種のデリバティブズ商品の多様性や柔軟性を具体的に紹介した後，プライシングの方法について，価格方程式の解析解の計算，格子法による計算，有限差分法による計算，モンテカルロ・シミュレーション法による計算のそれぞれを解説する．ここでは，ノックアウト・オプションを例にとり，計算目的に照らして最適な手法を選択するという考え方を示す．さらに，リスク・ヘッジの方法については，ダイナミック・ヘッジとスタティック・ヘッジのそれぞれを解説した後，スタティック・ヘッジの具体例を示しながら，現実

の世界を実感していく．

　第2章では，特に金利を原資産とする金利デリバティブズに検討対象を絞る．ここでのポイントは，イールドカーブ・モデル（金利の期間構造モデル）を利用したプライシング方法である．各種のイールドカーブ・モデルを概観した後，具体例としてハル-ホワイト・モデルを詳細に解説しつつ，どのようなケースにどのようなイールドカーブ・モデルを選択・採用すべきかという考え方を説明する．さらに，イールドカーブを利用してプライシングを行う上で鍵となる，キャリブレーションの方法について詳細に解説する．具体的には，離散時点モデル（ハル-ホワイト・モデル）に三項格子法を適用する例と，連続時点モデル（HJMモデル）について市場にインプライされたボラティリティ関数を推定する例をとりあげ，キャリブレーションの重要性と難しさを示していく．

　最後に第3章では，デリバティブズに限らず一般の金融商品をプライシングする上で，取引相手の信用リスクをどう織り込むかという問題をとりあげる．まず，信用リスク・プレミアムなどの概念を実務的にどう解釈可能か直観的に説明しつつ，それを理論モデルと関係付けて議論を進め，さらにコーネル大学のジャロー教授らやスタンフォード大学のダフィー教授らによる代表的なプライシング・モデルを具体的に解説する．また，特にクレジット・デリバティブズ（信用リスクを原資産とするデリバティブズ）については，各種の商品形態ごとにプライシングの考え方をまとめる．これら3つの章の内容は，相互に関連しているものの，単独でも読めるように配慮してあるので，関心に応じた順序で読み進んでいただき差し支えない．

　本書の読者層としては，まず，入門レベルの資産価格理論やオプション価格理論について予備知識を備えた金融実務家や学生諸氏をあげられる．例えば，代表的なエギゾティック・オプションのプロダクト・ラインやブラック-ショールズの公式の導出過程は教科書で学んだものの，その先の数理技術が実際のデリバティブズ開発の現場でどのように活用されているのか知りたいという場合に，本書は役立つであろう．また，既にデリバティブズに関係した実務ないし研究に携わっているが商品開発やリスク管理そのものを担当しているわけではないという専門家諸氏には，各章における基礎的なパートを読み飛ばし，テ

クニカルな解説や実際の応用例を記述した箇所に焦点を絞って読んでいただければ幸いである．あるいは，数理ファイナンスの研究に従事されている学者の方には，現実の金融業務の中で理論がどのように応用されているのかを知っていただく一助になると期待している．

　本書が扱う金融デリバティブズに関しては，これまでに多数の優れた解説文献が出版されている．にもかかわらず，今新たに本書を送り出す理由を説明しておきたい．それは，筆者の勤務先である日本銀行の金融研究所に約7年前に金融工学（フィナンシャル・エンジニアリング）の専門研究チームが設立されたときにさかのぼる．自らはデリバティブズを取引しない職場にあって，デリバティブズやリスク計量の現実を調査・研究し，技術的な問題を含めて重要な内容を行内にフィードバックしていくには，何よりも情報収集が大切であった．当時から，数理ファイナンスの優れた教科書はあったし，デリバティブズのやさしい実務書もあったが，困ったことに，デリバティブズの開発現場で数理ファイナンスのテクニックがどのように利用されているか実感できる文献はほとんど見当たらなかった．結局，デリバティブズのディーラーやクゥオンツの方々からうかがった現場の様子を，教科書の理論と結び付けていく作業を繰り返した．そうして得た成果の蓄積が，本書の土台となっている．こうした経緯からも分かるように，本書の特色を端的にいえば，理論と実務の橋渡しをする解説書兼研究書ということになろう．理論にしっかり根ざした実務と，実務を志向した理論の両者がバランスよく発展していくことが筆者の願いであり，本書の狙いである．

　ところで，金融デリバティブズ（金融派生商品）の扱いに要求される数理ファイナンスのテクニックは，金融リスクの計量で利用する数学や統計の技術と重複する部分が少なくない．筆者自身，これまで両方の分野にまたがって研究を進めてきたし，本書の中でもリスク計量に言及する箇所がある．筆者は当初，デリバティブズとリスク計量の両方を一冊に盛り込もうと考えたほどだが，議論の焦点を絞るため，最終的にデリバティブズの解説に特化した．一方，本書と同様の目的意識から，リスク計量についてまとめた姉妹書（『金融リスクの計量分析』）を別刊とし，本書の中でも必要に応じて参照する形式とした．

なお，本書は，このように日本銀行における筆者の研究成果を出発点としつつ大幅な加筆・修正を施したものであり，文中の見解およびありうべき誤りはすべて筆者である小田信之個人に帰属するものであって，日本銀行や同金融研究所の公式見解ではないことを記しておきたい．

　本書が完成するまでには，多くの方々のお世話になった．日本銀行金融研究所にフィナンシャル・エンジニアリング・チームが設立され，そこで筆者が長らく研究業務に携わってきた過程では，職場の内外から無数のご支援やアドバイスを賜った．よき研究環境がなかったならば，本書が生まれ得なかったのは確かである．本来であれば，その間にお世話になったすべての方々の名前をあげて感謝の気持ちを伝えたいところであるが，紙面の都合もあり，残念ながらそれはかなわない．ただし，本書の執筆に賛成し励まして下さった翁邦雄金融研究所長，本書の執筆を強く奨めて下さった慶應義塾大学総合政策学部の森平爽一郎教授と朝倉書店編集部の方々には謝辞を述べないわけにいかない．また，本書の土台となった研究には，以前に職場で隣席にいらした山下司氏（現 IQ ファイナンシャルシステムズ）と共同で作業したものが含まれており，それを発展させて本書の一部分を作成することをご快諾いただいたことに感謝の意を表したい．

　最後に，私事になるが，自宅での執筆活動を暖かく見守ってくれた妻智子と三人の子供，裕樹，晴美，千晶に本書を捧げたい．

2001 年 2 月

小 田 信 之

目　　次

1. デリバティブズのプライシングとリスク・ヘッジ ……………………… 1
   - 1.1 デリバティブズとは ……………………………………………………… 2
     - 1.1.1 定義とターミノロジー ……………………………………………… 2
     - 1.1.2 各種デリバティブズの分類 ……………………………………… 3
   - 1.2 事例研究1：ノックアウト（ノックイン）オプション ……………… 7
     - 1.2.1 ノックアウト（ノックイン）オプションの商品概要 ………… 7
     - 1.2.2 基本的な商品の分類 ……………………………………………… 8
     - 1.2.3 応用的な商品の事例 ……………………………………………… 10
     - 1.2.4 ノックアウト（ノックイン）オプション商品の価格例 ……… 12
   - 1.3 事例研究2：コリレーション・デリバティブズ ………………………… 14
   - 1.4 プライシングの方法論 …………………………………………………… 19
     - 1.4.1 プライシング方法の基礎 ………………………………………… 19
     - 1.4.2 プライシング方法の実例：
             ノックアウト（ノックイン）オプションの場合 ……………… 29
   - 1.5 リスク・ヘッジの方法論 ………………………………………………… 33
     - 1.5.1 オプション取引に対するリスク・ヘッジの方法論 ……………… 33
     - 1.5.2 ノックアウト（ノックイン）オプションに対する
             スタティック・ヘッジ法（Ⅰ）………………………………… 36
     - 1.5.3 ノックアウト（ノックイン）オプションに対する
             スタティック・ヘッジ法（Ⅱ）………………………………… 38
     - 1.5.4 事例研究：コリレーション・デリバティブズの
             リスク・ヘッジ ………………………………………………… 42
   - 1.6 終わりに …………………………………………………………………… 49

1. A 補論 ··· 50
　1. A.1 ノックアウト（ノックイン）オプション価格式の
　　　　 解析解導出に当たっての考え方 ·· 50
　1. A.2 ノックアウト（ノックイン）オプション価格式の
　　　　 解析解リスト ··· 55
　1. A.3 スタティック・ヘッジ法（Ⅰ）の数学的背景 ······················· 57
参考文献 ··· 60

2. イールドカーブ・モデル　　　　　　　　　　　　　　　　　　**62**

2.1 イールドカーブ・モデルによる金利デリバティブズの
　　　プライシング ·· 63
　2.1.1 金利デリバティブズとイールドカーブ・モデル ················ 63
　2.1.2 イールドカーブ・モデルかブラック-ショールズ・モデルか ··· 64
　2.1.3 各種のイールドカーブ・モデル ······································· 66
　2.1.4 プライシング方法 ··· 70
2.2 ハル-ホワイト・モデル ··· 72
　2.2.1 基本ハル-ホワイト・モデル ······································· 72
　2.2.2 拡張ハル-ホワイト・モデル（Ⅰ） ······························ 76
　2.2.3 拡張ハル-ホワイト・モデル（Ⅱ） ······························ 77
　2.2.4 ハル-ホワイト・モデルの特徴点の整理 ······················· 79
2.3 格子法による金利デリバティブズのプライシング：
　　三項格子法のハル-ホワイト・モデルへの適用を例に ················ 81
　2.3.1 連続時点型拡散過程の格子法による近似 ······················ 82
　2.3.2 基本ハル-ホワイト・モデルへの適用 ··························· 86
　2.3.3 拡張ハル-ホワイト・モデル（Ⅱ）への適用 ················· 90
　2.3.4 三項格子法に基づく金利デリバティブズのプライシング ····· 93
　2.3.5 応用的な三項格子法 ·· 94
　2.3.6 二項格子法の限界と三項格子法の必要性 ······················ 96
2.4 HJMモデルのキャリブレーション ······································ 97
　2.4.1 HJMモデルの概要 ·· 98

2.4.2　アミンとモートンの研究 ……………………………… 99
　　　2.4.3　実証分析例 ……………………………………………100
　2.5　終わりに …………………………………………………………104
　2.A　補論：ブラック-ダーマン-トーイ・モデルの解説と計算例 ………105
　　　2.A.1　BDTモデルの枠組みと数値例 ……………………106
　　　2.A.2　金利オプションのプライシング例 …………………112
　　　2.A.3　連続時点型のBDTモデル …………………………115
　参　考　文　献 …………………………………………………………117

3. 信用リスクのある金融商品のプライシング …………………119
　3.1　信用リスクのプライシングに関する実務的方法論 ……………121
　　　3.1.1　プライシングの基本 …………………………………121
　　　3.1.2　割引レート算定のためのリスクプレミアムの推定 …125
　　　3.1.3　公正価格と採算価格 …………………………………129
　3.2　信用リスクのプライシングに関する理論的方法論 ……………132
　　　3.2.1　プライシング理論の枠組み …………………………133
　　　3.2.2　プライシング理論の原型 ……………………………135
　　　3.2.3　ジャローとターンブルらによるプライシング・モデル ………140
　　　3.2.4　ダフィーらによるプライシング・モデル …………143
　　　3.2.5　ロングスタッフとシュワルツによるプライシング・モデル …149
　3.3　クレジット・デリバティブズのプライシング …………………151
　　　3.3.1　取引種類別にみたプライシング方法の分類 ………152
　　　3.3.2　レプリケーションによるプライシング ……………157
　　　3.3.3　モデルを利用したプライシング ……………………160
　3.4　終わりに …………………………………………………………163
　参　考　文　献 …………………………………………………………163

　索　　引 …………………………………………………………………167

1

デリバティブズのプライシングとリスク・ヘッジ

　金融取引の世界でデリバティブズ（派生取引）が注目を集めるようになってから，既に15年程度が経過した．当初は限られた専門家だけが扱っていたデリバティブズも，これまでに多数の金融機関や一般企業，さらには個人にまで取引の裾野を広げてきた．

　デリバティブズを扱う上で必要な知識や情報はどのような内容であろうか．一般論としては，各種商品の特性，取引契約の構成，市場周辺の制度的な知識，プライシング（価格評価）やリスク・ヘッジ方法などの技術的・数理的な知識など極めて広範な分野について，それぞれ目的にみあった適切な水準で理解を深めておく必要があるといえる．目的にみあったというのは，エンド・ユーザーとしてデリバティブズに関わるのか，専門業者としてデリバティブズに関わるのかによって，要求される知識水準が異なるという意味である．あるいは，一口に専門業者といっても，例えば商品開発を行う業務とマーケティング業務とでは違いがあるだろう．

　第1章と第2章では，上記諸分野の中で，プライシングとリスク・ヘッジ方法などの数理技術に焦点を当てる．目標水準としては，自ら商品開発を手掛けるほどでなくとも，それに近い業務に携わっているか将来開発業務を展望するような立場の者にとって，基礎知識を提供するといったところである．第1章では，デリバティブズ一般を対象とした議論を行うのに対し，第2章では，特に金利デリバティブズを対象としてイールドカーブ・モデルによるプライシングに特化する．

　第1章では，はじめに1.1節で，デリバティブズ商品の多様性や柔軟性を説明するために5通りの商品分類を示す．次に1.2節と1.3節でそれぞれ，商品事例としてノックアウト（ノックイン）オプションとコリレーション・デリバ

ティブズのプロダクト・ラインを具体的に紹介する．ここまでは，技術的な議論に入る前に予備知識を供することが目的である．1.4節ではいよいよ，本題のプライシング方法について解説を行う．まず一般論として，価格方程式の導出，その解析解の計算，格子法による計算，有限差分法による計算，モンテカルロ・シミュレーション法による計算などを説明する．次に，事例研究として，ノックアウト（ノックイン）オプションのプライシングを具体的にとりあげ，対象商品に照らして最適な計算方法を選択するという考え方を示す．1.5節では，リスク・ヘッジの方法について解説する．まず，ダイナミック・ヘッジとスタティック・ヘッジをそれぞれ概観した後，ノックアウト（ノックイン）オプションとコリレーション・デリバティブズにスタティック・ヘッジを適用する具体例を詳細に示しながら，現実のリスク・コントロールの世界を眺めていく．また，1.6節では簡単に本章の結びを述べる．なお，本章では，事例紹介に当たってノックアウト（ノックイン）オプションを頻繁に利用するので，関連した補論を3つ，章末に付した．

1.1 デリバティブズとは

1.1.1 定義とターミノロジー

まず，簡単な専門用語の確認から始めよう．デリバティブズとは，直訳すると派生取引である．これは，何らかの金融商品の将来の価格変動に応じて，一定のルールに従い受取り・支払い金額が決まるように約定されるタイプの金融取引一般を意味する．派生元の金融商品は原資産と呼ばれ，派生した金融商品がデリバティブズと呼ばれる．原資産は，為替取引でも株式取引でも金利取引でもよく，各種の市場でデリバティブズを自由に設計して取引することが原理的に可能である．デリバティブズにおける受取り・支払い金額はペイオフと呼ばれ，原資産価格の関数として事前に取引者間で任意に定めることができる．その意味で，デリバティブズには無限の種類がありうる．もっとも，日常的に取引されるペイオフのタイプは比較的限られているのも事実である．いずれにせよ，ある原資産取引に基づき，派生的に取り決められる取引であるという点が，各種デリバティブズの共通点である．

1.1.2 各種デリバティブズの分類

このように，デリバティブズのプロダクト・ラインには無限に近い多様性があるため，それを網羅的に紹介するのは不可能に近いし，本書の目的にも合わない．ただ，デリバティブズの世界の全貌についてイメージを得る上では，次のような簡単な商品分類を行ってみる価値があろう．すなわち，以下では，①原資産別，②ペイオフ別，③取引形態別，④取引相手別，⑤取引目的別，の5通りの着眼点から，各種のデリバティブズ商品を分類してみる．この作業を通じて，極めて多様なデリバティブズ取引の商品体系をわかりやすく把握することができるだろう[*1)]．

a. 原資産別

典型的な原資産としては，株価，金利（ないし債券価格），為替レート，コモディティ価格をあげられる．株価については，日本の日経平均指数や米国のS&P 500指数をはじめとする株価指数を原資産とする場合が多いが，個別企業の株式を原資産とすることも可能である．ちなみに，企業組織論において経営者向けの有力な報酬形態の1つとされるストック・オプションは，個別企業の株式を原資産とするデリバティブズの一例である．金利については，短期金利から長期金利まで，またスポットレートからフォワードレートやスワップレートまで，あらゆる種類の金利を原資産として扱うことができる．また，金利と表裏一体の関係にある債券価格を直接の原資産とする取引も多い（債券先物や債券オプションなど）．為替レートは，円-ドル，円-ユーロ，ドル-ユーロといった主要レートをはじめ，様々な為替レートを対象とすることができる．また，コモディティについても，金，銀などの貴金属や，石油，小麦など，多様な原資産がありうる．

ここまでは，ある1つの資産を原資産とすることを想定してきたが，中には，複数の原資産を組み合わせて1つのデリバティブズ取引に組み入れることも可能である．例えば，バスケット・オプションと称されるオプションでは，

[*1)] 本節での分類は，あくまでデリバティブズ取引の体系を概観する上で便宜上設定したものであり，商品によっては，各カテゴリーの中間に位置付けられるべき性質をもつ場合もある．ただ，全体としてみれば，ここでの5通りの軸による分類によって，デリバティブズの多様性を特徴付けることができるといえよう．

複数の資産（株式でも債券でも何でもよい）から構成されるポートフォリオ（バスケット）の価格を原資産とする．あるいは，クゥオント・オプションと呼ばれる取引では，外貨建て証券価格を事前に定めた固定為替レートで自国通貨に変換した価値をペイオフとするが，ここでは2種類の原資産（外貨建て証券と為替レート）が組み合わされている．これらの取引では，原資産価格のボラティリティのほかに，原資産価格間の相関もデリバティブズ価格の決定要素となる点が特徴である．この点で，複数原資産のデリバティブズは技術的に興味深く，デリバティブズ関連の技術を理解する上で格好の学習材料であると思われる．したがって，その商品例について後掲1.3節で概説した上，ヘッジ方法のテクニックについて1.5.4項で説明することとする．

上記のほかに，より抽象的な原資産もありうる．例えば，ある企業の信用リスクを反映して社債やアセット・スワップの価格に現れるクレジット・スプレッドを原資産として，オプションやスワップを設計することも可能である．これらは，いわゆるクレジット・デリバティブズの一例である．また，大地震の発生による潜在的な損失を原資産とする証券を定義することも可能である．これは，保険デリバティブズと呼ばれる商品群の一例であり，経済機能的にみれば，再保険の役割を資本市場にもち込んだものと解釈できる．これらは，原資産価格が常にマーケットで正確に観測できるとは限らないという点が特徴であり，それがデリバティブズのプライシングやヘッジを困難にする要因となっている．このうち，クレジット・デリバティブズについては，後ほど第3章で解説を行う．一方，保険デリバティブズについては本書ではとりあげないが，関心ある読者は，例えば森本（2000）などを参照されたい．

b．ペイオフ別

デリバティブズのペイオフに着目した分類としては，はじめにプレーン商品（比較的単純なペイオフをもつ定型商品）について，① オプション商品（ヨーロピアン型，アメリカン型），② 非オプション商品（さらに分類するならば，先物・先渡取引，スワップ取引など），③ 上記①と②の組み合わせ（例えば，先物オプションやスワップションなど）の3種類に大別可能である．②のカテゴリーは，ペイオフが原資産価格に対して線形であるのに対し，①は非線形であるのが特徴である．

次に，非定型商品をみていこう．これらは，日常茶飯事に取引されている定型商品とまでは呼べないものの，ある程度決まった型が知られている準定型商品と，特注品に近いテーラーメード型の商品に大別できる．テーラーメード型の商品は，約定次第で原理的にはどのような取引を設計することも可能であり，そのため，代表的な商品例をあげることにはなじまない．一方，準定型商品は，プレーン商品と区別するためにしばしばエギゾティック商品と呼ばれる．いくつかの例を列挙すると，デジタル・オプション，ルックバック・オプション，バリア（ノックアウト（ノックイン））オプション，アジア・オプション，コンパウンド・オプション，スプレッド・オプションなどである．本書では，個別商品の網羅的な紹介は行わないが，詳細に興味のある読者は，例えば Nelken (1997) を参照されたい．ただ，例えば一口にノックアウト（ノックイン）オプションといっても極めて多彩なバリエーションがあり，それぞれにプライシングやリスク・ヘッジ上の個別技術が必要とされる点には注意しておきたい．この点について具体的なイメージを得るために，1.2 節で，一例としてノックアウト（ノックイン）オプションの商品群を詳細に紹介する．

c．取引形態別

取引形態に着目してデリバティブズを分類する場合は，単体取引か複合取引かで線引きすることができる．これまでに紹介してきた取引のほとんどは，ここでいう単体取引に該当する．これに対し，貸出や社債などの伝統的な金融取引の中にデリバティブズ取引の要素が組み込まれたようなケースは複合取引であるといえる．具体例としては，まず，コーラブル債，転換社債など，債券にある種のオプション取引が明示的に組み込まれたものをあげられる．このほか，オプション取引を暗に内包した金融取引も少なくない．例えば，定期預貯金の期限前引出条項や，住宅ローンの期限前償還条項には，内包的なオプション（エンベディド・オプション，embedded option）が付されていると理解できる．

d．取引相手別

デリバティブズは，取引相手が各種の取引所であるような取引所取引か，あるいは取引相手が個人・法人であるような相対取引（OTC 取引，over the counter 取引）かによって分類することも可能である．

取引所取引の特徴は，① 標準化された商品が大量に取引されており，流動性が大きいこと，② 日々の値洗いに基づき，証拠金が積まれていること，③ 差金決済が行われること，などである．一方，相対取引の特徴は，① 単純な取引（プレーン商品）から複雑な取引（テーラーメード商品）まであらゆるタイプの商品に対応可能であること，② そうした柔軟性を背景にして，近年目立って市場が伸長していること，③ カウンターパーティのデフォルト・リスクを負わざるを得ないこと（もちろん，担保の活用などによってそのリスクを抑制することは可能)，などがあげられる．

e. 取引目的別

デリバティブズを分類する最後の着眼点は，取引目的である．大別すると，次の3通りの目的がありうる．

第1に，リスク・ヘッジを目的とする場合がある．これは，デリバティブズ取引のエンド・ユーザーの基本的な実需である．柔軟かつ低コストなリスク・コントロール機能を有するデリバティブズ取引は，ミクロ的にみて金融市場参加者に大きな利便を与えているとともに，マクロ的にみても市場参加者間のリスクの移転を円滑に実現することによって社会的な厚生の増加に寄与していると考えられる．第2に，投機（スペキュレーション）によって収益を追求するという目的がある．これは主として金融機関や機関投資家によってなされるが，その背景には，専門家として情報優位な領域で各種リスクをとる見返りに収益を稼得するという原理がある．そして第3に，市場裁定取引（アービトラージ）によって収益を追求するという目的がある．この機能は，合理的な市場価格形成を促進する上で不可欠な要素である．その結果，現物市場とデリバティブズ市場との間で，価格の動きに強いリンクが現れる．なお，市場裁定とはやや意味が異なるが，制度上の裁定を狙った取引でデリバティブズが利用されることもある．例えば，銀行に課せられた自己資本比率規制をクリアする上で有利な効果をもたらす取引や，企業会計上有利な取引を行う場合があげられる．これらはデリバティブズに特有の取引目的ではないが，極めて柔軟な商品性を実現可能なデリバティブズ取引が，こうした裁定を容易にしている面は否定できない．ただ，制度上の裁定は，制度が改善されれば消滅していくことが予想される．

1.2 事例研究1：ノックアウト（ノックイン）オプション

前述のように，本章の目的はデリバティブズの個別商品を紹介することでなく，デリバティブズ取引の理論体系を鳥瞰することである．ただ，個別の取引について具体的なイメージが不十分なまま理論的解説を進めても，消化不良に陥る可能性がある．そこで，1.2 節と 1.3 節ではそれぞれ，ノックアウト（ノックイン）オプションとコリレーション・デリバティブズに関する事例研究を行い，やや詳細に商品内容などについて解説する．読者には，個別の商品性を理解することだけでなく，デリバティブズ取引の広がりや柔軟性が実際にどのようなものかを実感するための材料としても活用していただきたい．

1.2.1　ノックアウト（ノックイン）オプションの商品概要

ノックアウト（ノックイン）オプションとは，オプション商品にノックアウト（ノックイン）条件を付加した商品の総称である．ノックアウト条件とは，約定期間中に原資産価格（為替レート，金利，株価など）が一度でも特定の水準（ノックアウト価格またはバリア価格と呼ばれる）に到達した場合には，元のオプション契約を無効にするという取決めである．原資産価格が一度もノックアウト価格に至らなかった場合に限り，元のオプション商品の約定に即したキャッシュフローが受け渡される．逆に，ノックイン条件とは，原資産価格があらかじめ定めた特定の水準（ノックイン価格またはバリア価格と呼ばれる）に到達した時点で初めて本来のオプション契約が有効になるという取決めである．仮に，満期まで一度も原資産価格がノックイン価格に到達しなければ，本来のオプション商品の約定は実現しないままで終わる．

ノックアウト（ノックイン）条件の付加対象となるオプション商品としては，プレーンなヨーロピアン・オプション（コールまたはプット）が典型的である．このほか，既に複合的な構造をもつデリバティブズ商品（スワップションやエギゾティック・オプションなど）にノックアウト（ノックイン）条件を付ける場合もあるなど，工夫次第で商品の可能性が無限に拡がっていく．

ノックアウト（ノックイン）オプションの特徴点の1つは，元のオプション

にノックアウト（ノックイン）条件を加えることにより，オプション・プレミアムを引き下げられることである．客観的にみると，プレミアムの低下は，将来に発生するキャッシュフローの期待値が小さくなり，当該オプションの商品価値が低下したことに起因している．しかし，投資家サイドにおいてノックアウト（ノックイン）条件付加にともなう経済効果に対する認識が商品の提供者と異なっている場合には，プレミアムの低下が割安感につながることから，取引のインセンティブが高まることになる．

1.2.2 基本的な商品の分類

一般に，ノックアウト・オプションとノックイン・オプションを総称して，バリア・オプション（barrier option）という呼称が使われる．これらの商品では，現時点の原資産価格（以下，S と記す），行使価格（K）およびバリア価格（B）の3つが相対的にどのような位置関係にあるかによって，① 利用者からみた商品性や ② 理論上の価格式の導出プロセスなどが異なってくる．このため，図1.1のような形での商品分類がしばしば行われる．

図1.1で，ダウン・アンド・アウト，アップ・アンド・インなどの呼称は，

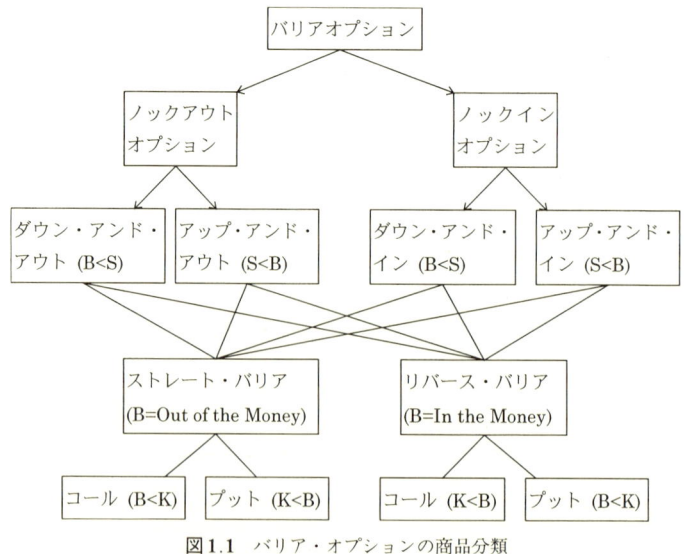

図1.1 バリア・オプションの商品分類

バリア価格（B）と現在の原資産価格（S）との位置関係に基づく．例えば，ダウン・アンド・アウトの意味は，文字通り，原資産価格が下降（ダウン）してバリアに至った場合にノックアウトされるという条件付きのオプションである．一方，ストレート・バリア，リバース・バリアの呼称は，バリア価格（B）と行使価格（K）との位置関係に基づく．具体的には，バリア価格がアウト・オブ・ザ・マネーの位置に設定されている商品をストレート・バリア，イン・ザ・マネーの位置に設定されている商品をリバース・バリアと呼ぶ．この商品分類では，形式上16通り[*2)]の商品型が存在している．しかし，このうち4通りは現実には意味のない商品型[*3)]であるから，実質的なノックアウト（ノックイン）オプションの形態は12通りである．

ノックアウト（ノックイン）オプションに特有の商品性についてイメージを得るために，以下，商品の具体例を2つ掲げておこう．

[例1] ノックアウト条件付き円-$ 通貨オプション，ヨーロピアン・プット，$B=100$円/$，$K=108$円/$，$S=110$円/$．（したがって，ダウン・アンド・アウト，リバース・バリア型）

現在の為替レート（110円/$ と仮定）から円高が進み，将来108円/$ をこえることが予想される場合にプット・オプションからペイオフが発生する．しかし，さらに著しく円高が進行し100円/$ に達する事態が発生する場合には，オプションの契約が停止する．したがって，108円/$ をこえるが100円/$ をこえないレンジでの円高化を予想する投資家にとって魅力的な商品といえる．

また，この商品は，輸出企業が将来受けとる外貨の為替リスクをヘッジするためにノックアウト・オプションを利用する場合の典型的な例でもある．プレーンなプット・オプションを購入するよりも格安のコストで済む反面，ノック

[*2)] 16通りとは，①ダウン・アンド・アウト，アップ・アンド・インなどの4通り，②ストレート・バリア，リバース・バリアの2通り，③コール，プットの2通り，の組み合わせによるもの（$4\times2\times2=16$）．

[*3)] ダウン・アンド・アウト，ストレート・バリア型のプット（$K<B<S$）およびアップ・アンド・アウト，ストレート・バリア型のコール（$S<B<K$）の2商品については，キャッシュフローがまったく発生しない商品であり，商品価値はゼロである．また，ダウン・アンド・イン，ストレート・バリア型のプット（$K<B<S$）およびアップ・アンド・イン，ストレート・バリア型のコール（$S<B<K$）の2商品については，ノックイン条件が付いていないプレーン・オプションと同一の商品である．

アウトの顕現化によりヘッジが外れてしまうリスクを負うことになる．

　[例 2] ノックイン条件付き日経平均株式指数オプション，ヨーロピアン・プット，$B=18000$ 円，$K=17300$ 円，$S=17000$ 円．（したがって，アップ・アンド・イン，ストレート・バリア型）

　現在の日経平均株式指数（17000 円と仮定）から株高が進み，満期までに一度でも 18000 円をこえる事態が発生する場合にプット・オプションの契約が有効になる．この後，再び株安に反転して行使価格 17300 円を下回る指数で満期を迎える場合に，プット・オプションからペイオフが発生する．したがって，満期までの期間に荒い相場展開を予想しつつ，基本的にはさほど株高が定着しないと予想している投資家にとって妙味のある商品である．

1.2.3　応用的な商品の事例

　これまでにみたノックアウト（ノックイン）オプションの基本商品のほかに，各マーケットでは様々な応用商品が開発されてきている．その中には，理論上の商品の域を出ていないものから，上場商品（米国）として取引されているものまである．以下，これら応用商品の代表的なタイプを列挙してみよう．

a．定期的にモニターを行う商品

　原資産価格がバリア価格に到達したかどうかをモニターする頻度について，これまでは暗黙のうちに常時連続的にモニターを続けることを想定してきたが，そのほかに，日次（1 日のうちのある 1 時点を設定）や週次といった定期的な間隔でモニターがなされるタイプのノックアウト（ノックイン）オプションがある．モニターの際，どのデータ・ソース（市場価格情報の提供業者）を基準にして判定を下すかについては，約定の中で明定される．例えば，東京外為市場において比較的多くみられる取決めは，主要外為ブローカーのうち 2 社以上のデータにおいてバリア価格への到達が実現した場合をもってノックアウト（ノックイン）条件を適用するというものである．ただ，このような取決めを定めたとしても，原資産価格がバリア価格近辺で微妙な動きを続ける局面では，業者・顧客両サイドで常時モニタリングを行うコストは極めて大きい．モニターを定期的に行うタイプの商品では，こうしたモニタリング・コストを低減することが可能となる．その利点を背景として，海外市場では，定期的にモ

ニターを行うタイプの取引がしばしばみられる（Kat and Verdonk（1995）を参照）．例えば，以下のc. でとりあげるCAPS（米国CBOEにおける上場商品名）はその一例である．

b． リベートの受渡しを含む商品

ノックアウト・オプションで期中にノックアウトが実現した場合（あるいはノックイン・オプションで期中にノックインが実現しなかった場合）には，ノックアウト時点（満期時点）で，オプションの売り手が買い手に一定の金額（これをリベートと呼ぶ）を支払うという取決めを含むものである．

c． 自動行使型オプション（exercise option）

原資産価格がバリア価格に到達した場合には，オプション保有者の意志にかかわらず，同時点で自動的にオプションが行使されるという契約が付いたオプションである．

なお，自動行使型オプションは，リベート付きノックアウト・オプションの特殊ケースである．すなわち，自動行使型コール・オプションは，「バリア価格－行使価格」をリベートとするリバース型アップ・アンド・アウト・コールとして，また自動行使型プット・オプションは，「行使価格－バリア価格」をリベートとするリバース型ダウン・アンド・アウト・プットとして解釈可能である．

bの商品で任意にリベートを設定したものは，さほど多く取引されていないとみられるが，リベートの大きさを上記のように特定化した自動行使型商品は，しばしばみられる．例えば，米国CBOE（シカゴ・オプション取引所）では，「CAPS」という名称の商品を上場しているが，これは，S&P 500 指数を原資産とする自動行使型オプション（ニア・ザ・マネー，コールまたはプット，期間6か月，日次モニター〈終値ベース〉）である．

d． ダブル・バリア・オプション

2つ（以上）のノックアウト（ノックイン）条件を設けたオプション商品である．例えば，現在の原資産価格を S_0 として，S_1（$>S_0$）をバリア価格とするノックアウト条件と S_2（$<S_0$）をバリア価格とするノックアウト条件を同時に設定した商品をあげることができる（この場合，ノックアウト条件の発動を免れるには，原資産価格 S が $S_2<S<S_1$ のレンジで推移する必要がある）．ま

た，このバリエーションとして，2つのノックイン条件を設定した商品や，1つのノックアウト条件と1つのノックイン条件を組み合わせた商品などもある．

e．アウトサイド・バリア・オプション

元のプレーン・オプションの原資産とバリア価格を決める原資産とが相異なるタイプの商品である．例えば，日経平均株価指数が一定値をこえるとノックアウトされてしまう金利スワップションなどが考えられる．この場合，オプション価格は，2つの原資産間の相関に依存する点が特徴的である．

f．遅延スタート・バリア・オプション

オプション契約日より遅れて，ノックアウト（ノックイン）条件の対象期間がスタートする商品である．例えば，現時点 T_0 でオプション契約がスタートし，その後 T_1 にノックアウト（ノックイン）条件が有効となり，T_2 に満期を迎える商品をあげられる（$T_0<T_1<T_2$）．この場合，仮に時点 T（$T_0<T<T_1$）において原資産価格がバリア価格に到達したとしても，ノックアウト（ノックイン）条件は発動されないのが特徴である．

g．アメリカン・オプションにノックアウト（ノックイン）条件を付けた商品

現実の取引量はさほど多くないとみられるが，本商品のプライシング手法の研究は，学界や実務界で進められてきた（Rubinstein（1993），平田・三浦・時岡（1994）などを参照）．

h．その他複合商品

ノックアウト（ノックイン）オプションを他のオプション（エギゾチック・オプションなど）あるいはデリバティブズ一般（スワップなど）と組み合わせた複合型商品も存在する．

1.2.4 ノックアウト（ノックイン）オプション商品の価格例

ここでは，5種類のノックアウト・プット（通貨オプション）のプライシング結果を示し，それらを比較することによって同商品の基本的な性質を価格面から考えておこう．なお，プライシング方法の詳細については，後掲1.4節で解説する．

プライシングした商品の内容と計算結果は次の通りである．

（1） プライシング対象商品（5種類）に共通の市場条件および商品属性

仮定した市場条件
- 現時点の原資産価格：90円/USドル
- 原資産価格のボラティリティ：12%
- 国内金利（90日物）：1.75%
- 海外金利（90日物）：6.00%

対象商品の共通属性
- 円/USドル為替レートを原資産とするヨーロピアン・プット（期間90日）にノックアウト条項を付けた商品
- 行使価格：88円/USドル
- バリア価格：80円/USドル（したがって，ダウン・アンド・アウト，リバース・バリア型）

（2） オプション価格算出結果

上のような共通属性をもち，他の細かい商品性が相異なる5種類のノックアウト・オプションおよびプレーンバニラ・オプションをプライシングした結果は，表1.1の通りである．

この計算結果から看取されるノックアウト・オプションの性質は次の通りである．

① プレーンバニラ商品に比べ，上記のノックアウト・オプションのすべてが割安となっている．これは，ノックアウト・オプション保有者は，大幅に円高が進行した場合にプレーンバニラ商品における得べかりし利益を失うこととなるからである．

② 商品3，商品2，商品1の順に割安となっている．また，商品5より商品4の方が割安である．これは，モニター間隔が細かいほど，ノックアウト

表1.1 各種ノックアウト・オプションのプライシング結果

	商品1	商品2	商品3	商品4	商品5	プレーンバニラ
モニター間隔	連続	日次	週次	連続	日次	―
リベート	なし	なし	なし	5円	5円	―
オプション価格	1.03円	1.08円	1.16円	1.38円	1.41円	1.61円

が発生した状況を捉える確率が高くなるため,得べかりし利益を失う可能性も大きいからである.

③ 商品1より商品4の方が割高.また,商品2より商品5の方が割高.これは,ノックアウトが発生した場合に受けとるリベートの価値を反映したものである.

1.3 事例研究2:コリレーション・デリバティブズ

ノックアウト(ノックイン)オプションに続く2つめの事例研究として,各種のコリレーション・デリバティブズについて商品例を紹介しよう.

一般に,2種類(以上)の原資産価格に基づいて将来のペイオフが定まるタイプの複合型デリバティブズ商品は,コリレーション・リスク[*4)]と呼ばれるリスクを内包する.本書では,こうしたリスクをもつデリバティブズ商品を総称して,コリレーション・デリバティブズと呼ぶ.コリレーション・リスクは,文字通り,異なる原資産の価格変動プロセス間にコリレーション(相関)が存在することから発生するリスクであり,原資産が単一であるデリバティブズ商品にはみられないリスクである.

代表的なコリレーション・デリバティブズを7種類ほど具体的に列挙し,解説していこう.

(1) クロス・オプション (cross option)

〔商品内容〕 外貨建て債券を原資産とし,行使価格を円貨で設定するオプション.そのペイオフ(円貨建て)を通常の債券(外債)オプションのペイオフ(円換算額)と比較すると,次の通り.

クロス・オプション　　Call　$Max[BX-K,0]$
　　　　　　　　　　　Put 　$Max[K-BX,0]$

[*4)] コリレーション・リスクについては1.5.4項で具体的に説明する.この段階では,次の①,②のリスクのいずれか一方,あるいは双方を意味するということを注記しておく.
① コリレーションの大きさが時間経過にともなって変化することにともない,当該デリバティブの将来時価が予期せぬ方向に変化するリスク.本書では,このタイプのリスクを「コリレーション変動リスク」と呼ぶ.
② 1つの原資産価格にかかるデルタが他の原資産価格の変化にともなって変化することに起因するリスク.本書では,これを「クロス・ガンマ・リスク」と呼ぶ.

B：債券価格（ドル）

X：為替レート（円/ドル）

K：行使価格（円）

〈参考〉

通常の債券オプション　　Call　$\text{Max}[(B-K')X, 0]$

（円換算ベース）　　　　Put　$\text{Max}[(K'-B)X, 0]$

K'：行使価格（ドル）

つまり，通常の債券（外債）オプションを取引すると，オプション行使時の債券売買価格は為替レートにより変動するが，クロス・オプションを用いるとそれが円貨で確定する．

なお，クロス・オプションの価格は，為替レートの変化率と債券価格の変化率とのコリレーションに依存する．

〔主な取引ニーズ〕　円投により外債を購入している日本の機関投資家などが，コールを売り（カバード・コール，covered call），プレミアムを受けとって利回り向上を狙うケースがある．通常の債券オプションでこうしたカバード・コールのポジションをとると，行使されたときの売却金額（$K'X$）は為替レートに依存するが，本商品の場合は，行使されても債券売却価格が円貨で確定している．したがって，為替リスクを回避できる．

（2）　クゥオント・スワップ（quanto swap）

〔商品内容〕　外貨建て証券（株式〈エクィティ，equity〉または債券）にかかるキャッシュフローを事前に固定した為替レートで円貨に換算した額と，円貨の確定金額とを交換するスワップ（図1.2）．通常のエクィティ・スワップ（図1.3）を利用した場合，円貨のペイオフは証券価格のみならず為替レートにも依存するのに対し，クゥオント・スワップではそれが証券価

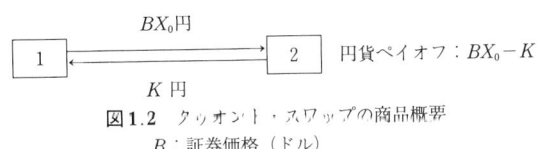

図1.2　クゥオント・スワップの商品概要

B：証券価格（ドル）

X_0：固定為替レート（円/ドル）

K：固定価格（円）

図1.3 通常のエクィティ・スワップの商品概要
K'：固定価格（ドル）

格のみに依存して決まる．

なお，為替レートの変化率と証券価格の変化率とのコリレーションが本商品の価格に影響を与える．

〔主な取引ニーズ〕 外貨建て証券の価格変動リスクをとりたいが，為替レートの変動リスクはとりたくないという投資家に対して，為替リスク部分をヘッジする手段として機能する．

(2′) クゥオント・オプション（quanto option）

〔商品内容〕 クゥオント・スワップのオプション版．ペイオフ（円貨建て）を示すと，次の通り．

Call $\mathrm{Max}[BX_0-K, 0]$

Put $\mathrm{Max}[K-BX_0, 0]$

B：証券価格（ドル）

X_0：固定為替レート（円/ドル）

K：行使価格（円）

本商品を前述のクロス・オプションと比較すると，クロス・オプションでは行使により現物を手にするのでその円換算時価が行使時の為替レートに左右されることとなるのに対し，クゥオント・オプションでは，あらかじめ円換算レートが固定されているので為替リスクを負わないという点が対照的である．なお，主な取引ニーズは上記（2）と同様である．

(3) ディフ・スワップ（diff swap〈differential swap〉）

〔商品内容〕 異通貨の変動金利を交換する金利スワップの一形態であるが，外貨金利側のキャッシュフローについて，その想定元本を円建てとする点が特徴（図1.4）．

類似取引のクーポン・スワップ（図1.5）も異通貨の変動金利を交換する金利スワップであるが，そこでは金利計算上の想定元本が各国通貨建てとな

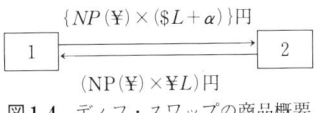

図 1.4 ディフ・スワップの商品概要

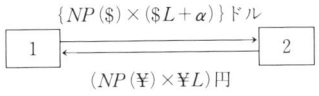

図 1.5 クーポン・スワップの商品概要

$NP(¥)$：想定元本（円）
$NP(\$)$：想定元本（ドル）
$\$L$：ドル変動金利
$¥L$：円変動金利
α：スプレッド[*5]

っているため，外貨サイドの利払いの円建換算額は将来の為替レートに依存する．一方，ディフ・スワップにおいては，両サイドのキャッシュフローが円貨で確定する．

〔主な取引ニーズ〕 資金調達コストの低減あるいは運用利回りの向上を狙って，クーポン・スワップにより高金利通貨と低金利通貨の金利スワップを行うことが以前に流行した（例えば，1990年頃に高金利の豪ドルと低金利の日本円の間の金利スワップが多数取引された）．ディフ・スワップは，その為替リスクを除去して利便性を向上させたもの．

(3′) ISO（国際スプレッド・オプション，international spread option）

〔商品内容〕 異通貨の変動金利間の差を原資産としたオプション．ディフ・スワップ（ただし利払いが1回のみのもの）のオプション版とみることも可能である．ペイオフは次の通りである．なお，主な取引ニーズは(3)と同様である．

Call $\quad NP \times \mathrm{Max}[(\$L-¥L)-K, 0]$

Put $\quad NP \times \mathrm{Max}[K-(\$L-¥L), 0]$

$\quad NP$：想定元本（円）

[*5] このスプレッドは，取引当事者の信用度に差がないと仮定すれば，取引開始時点において双方のキャッシュフローの時価が等しくなるように設定される．

L：ドル変動金利

¥L：円変動金利

K：行使レート

(4) スプレッド・オプション (spread option)

〔商品内容〕 同一通貨の長短金利差（例えば，円1年金利と円10年金利との差）に対するオプションである*6)．長期・短期変動金利を交換するイールドカーブ・スワップのオプション版と考えることができる．そのペイオフを示すと，次の通りである．

Call $NP \times \mathrm{Max}[(r_L - r_S) - K, 0]$

Put $NP \times \mathrm{Max}[K - (r_L - r_S), 0]$

NP：想定元本

r_L：長期金利

r_S：短期金利

K：行使レート

〔主な取引ニーズ〕 将来のイールドカーブの形状に関するスペキュレーション取引が中心である．

(5) アウトパフォーマンス・オプション (outperformance option)

2つの原資産のうち，一定期間中の収益率が高かった方の原資産について収益が受け払いされるオプションである．例えば，日経平均株価とJGB（日本国債）インデックスとの収益率を比較する商品があげられる．2つの原資産の価格変動間のコリレーションも時価に影響を与える．

(6) バスケット・オプション (basket option)

複数の原資産のバスケット価格（例えば，個別株式10銘柄の平均値）を原資産とするオプションである．基本的には，バスケットを構成するすべての個別資産間のコリレーションを考える必要がある．

(7) IAS (指数アモチゼーション・スワップ，indexed amortization swap)

---

*6) 本商品は，組成上はコリレーション・デリバティブズに分類すべき性質をもつが，プライシングやリスク管理の実務上は，便宜的に原資産が単一であるオプション（原資産は金利スプレッド）として取り扱われる場合が少なくない．

ある原資産価格（LIBORが代表的）に連動して，想定元本が減少していく金利スワップである．米国では，モーゲージ証券のプリペイメント・リスク（期前償還リスク）をヘッジするための商品として，比較的大きな市場がある．

1.4 プライシングの方法論

本章ではここまで，テクニカルな解説を行うための事前準備を兼ねて，デリバティブズ取引の多様性について概観してきた．1.4節では，これら各種取引のプライシング方法について，具体例を交えながらできる限り一般的に説明を行う．デリバティブズに関する教科書の中には，先物・先渡，スワップ，オプションといったカテゴリー別に個々のプライシング方法を説明するケースがあるが，本書では，商品の種類にかかわらず当てはまる汎用的なプライシングの考え方やテクニックを解説したい．ただし，最も複雑な商品であるオプションのプライシングを可能にするテクニックは，他の商品にも適用可能であることを踏まえ，本章では以下，主としてオプション取引を念頭に置いて話を進める．ただ，先物・先渡やスワップなど他のデリバティブズに対しても，ここでの議論は基本的に適用可能であると考えていただいて差し支えない．

説明の進め方としては，まず抽象的な方法論を1.4.1項で議論し，続いて事例研究として1.2節でとりあげたノックアウト（ノックイン）オプションへの適用例を1.4.2項で紹介してイメージを得ていくことにしよう．

1.4.1 プライシング方法の基礎

一般に，デリバティブズ商品のプライシング手法を検討する上で重要な手続きは，次の3点に集約できる．

① 原資産価格の確率過程を記述するプライシング・モデルをどのように選択ないし設定するか．
② 設定した上記モデルに入力すべきパラメータをどのように推定するか．
③ デリバティブズ価格式についての方程式の解を算出するためにどのような計算手法を用いるか．

本章では，このうち①と③に焦点を絞って諸方法を整理する．②については，①に付随する重要な問題であるが，特にイールドカーブ・モデルを扱う際に極めて大切であるため，後ほど第2章で詳しくとりあげることにする．

a. プライシング・モデルの選択

デリバティブズ（特にオプション商品）をプライシングするには，将来の原資産価格の動きを記述する確率過程モデルを選択する必要がある．各種モデルの中で最も普及率が高いのは，原資産価格の確率過程として対数正規過程を仮定したブラック−ショールズ型のモデルである（後程，ノックアウト（ノックイン）オプションの事例で具体的な紹介を行う）．原資産が為替レートや株価の場合，（長期オプション[*7]という例外を除き）ほとんどの商品が，ブラック−ショールズ型のモデルで取り扱われているといっても過言ではなかろう．これに対し，原資産が金利や債券の場合には，ブラック−ショールズ型モデルの限界が深刻になるため，第2章で解説するようなイールドカーブ・モデルが選択されるケースも出てくる（2.1節を参照）．一般論としては，ブラック−ショールズ・モデル採用の適・不適（モデル上の仮定の現実妥当性）は，個々の対象商品の性質に依存するので，同モデルの限界がどこにあるかを認識した上で判断を下す必要がある．

b. デリバティブズ価格方程式と解法

原資産価格の変動過程を記述するモデルが定まれば，デリバティブズ商品の価格式が満足すべき方程式（偏微分方程式〈partial differential equation〉，略称PDE）が得られることが知られている．PDEの導出原理については，標準的な教科書でしばしば紹介されているが，理論的に重要な点であるからここで要点を振り返っておこう．

[*7] 為替レートや株価を原資産とするオプションであっても，満期までの期間が長くなるにつれ，ブラック−ショールズ・モデルにおいて割引金利が一定とされている仮定が非現実的となってくる．この問題に対処するには，原資産価格に加え，金利も確率的に変動するものとして扱うことが必要になる．その場合，正確を期すには，金利変動と原資産価格（特に為替レートの場合）変動との相関を勘案することが望まれる．こうした試みとしては，長期為替オプションのプライシング・モデルとして考案されたアミン−ジャロー・モデルなどが知られている．ただ，現時点の実務上は，長期オプションの取引量が僅少であることもあり，こうしたより高度・複雑なモデルを実用化する例は多くなく，ブラック−ショールズ・モデルを土台として，必要に応じ修正を加えて価格を計算しているケースが多いと思われる．

1.4 プライシングの方法論

原資産価格を S とし，その確率過程を表すモデルを，

$$dS = \mu(S,t)Sdt + \sigma(S,t)Sdz \tag{1.1}$$

としよう．ここで，dz は，確率的変動成分で，ウィナー過程（または標準ブラウン運動）と呼ばれる．また，ドリフト関数 $\mu(S,t)$ とボラティリティ関数 $\sigma(S,t)$ はともに，原資産価格 S と時間 t の関数である．もし両者がともに定数であるケースを想定すれば，ds は対数正規過程となり，ブラック-ショールズ型のモデルを扱っていることになる．本章では，より一般化した議論を行うこととするが，表記を簡単にするため，以下，$\mu(S,t)$ と $\sigma(S,t)$ を単に μ と σ と書く．求めたいデリバティブズの価格 PV は，原資産 S と時間 t の関数として $PV(S,t)$ と書ける．この全微分を伊藤の補題[*8] と呼ばれる公式に従って展開すると，

$$dPV = \left(\frac{\partial PV}{\partial S}\mu S + \frac{\partial PV}{\partial t} + \frac{1}{2}\frac{\partial^2 PV}{\partial S^2}\sigma^2 S^2\right)dt + \frac{\partial PV}{\partial S}\sigma S dz \tag{1.2}$$

となる．この設定のもとで，次のように無裁定条件を与える．すなわち，1単位のデリバティブズを売るとともに $\partial PV/\partial S$ 単位の原資産を買うようなポートフォリオを考えると，その価値 Π は，

$$\Pi = -PV + \frac{\partial PV}{\partial S}S \tag{1.3}$$

と表される．dS に関する (1.1) 式および dPV に関する (1.2) 式を用いて，微小時間 dt におけるポートフォリオ価値の変化 $d\Pi$ を整理すると，

$$d\Pi = -dPV + \frac{\partial PV}{\partial S}dS \tag{1.4}$$

$$d\Pi = \left(-\frac{\partial PV}{\partial t} - \frac{1}{2}\frac{\partial^2 PV}{\partial S^2}\sigma^2 S^2\right)dt \tag{1.5}$$

[*8] 伊藤の補題は，確率変数を含まない通常の関数のテーラー展開に相当する公式である．テーラー展開が対象とするのは単純な関数の全微分であるが，ここでは確率変数およびその関数を扱っているため，テーラー展開を拡張した扱いが必要となり，伊藤の補題を用いる．具体的な公式は，Hull (2000) などの標準的なテキストを参照されたい．

となる．(1.5) 式には，原資産価格の確率的変動を表す dz が含まれていないことから，ポートフォリオは無リスク資産であることがわかる．したがって，無裁定条件から，単位時間当たりの収益率が無リスク金利 r に一致する（すなわち，$d\Pi = r\Pi dt$）ことが必要であり，

$$-\frac{\partial PV}{\partial t} - \frac{1}{2}\frac{\partial^2 PV}{\partial S^2}\sigma^2 S^2 = r\left(-PV + \frac{\partial PV}{\partial S}S\right) \tag{1.6}$$

が成立する．これを変形して得られる (1.7) 式が，デリバティブズの価格を表す偏微分方程式（PDE）である．

$$\frac{\partial PV}{\partial t} + rS\frac{\partial PV}{\partial S} + \frac{1}{2}\sigma^2 S^2\frac{\partial^2 PV}{\partial S^2} = rPV \tag{1.7}$$

なお，ここでは原資産が市場取引可能な証券であることを暗に仮定し，その価格 S を用いて無リスク・ポートフォリオを想定してきた．実は，原資産が市場取引可能な証券ではない場合（典型的には，原資産が金利の場合）にも，少し議論を変えることにより上記とほぼ同様に PDE を導出できることが知られている（詳細は，Hull（2000）などの標準的な教科書に譲る）．

ここまでにみた PDE の導出プロセスは，原資産価格の変動過程を記述するモデル（具体的には，$\mu(S,t)$ と $\sigma(S,t)$ の関数形）やプライシング対象のデリバティブズの特性（具体的には，PDE の境界条件となるペイオフの関数形）に依存しない一般的な内容である．したがって，様々なペイオフをもつ個々のデリバティブズを扱う実務においても，1.4.1項 a.で説明したように，その商品特性にあったモデルの選択さえ行えば，PDE の導出は機械的に済ませることができ，残された課題は PDE の解の計算方法となる．

そこで，時価を求める最後のステップとして，この PDE の解を計算するための方法を以下で整理する．どのような手法をとるかにより，計算速度や精度が大きく変わる．したがって，この技術を検討することは，特に実務上重要である．

方程式から解を算出する方法には，大別して次の4通りがある．ただし，後述のように②と③はかなり類似性の高い代替的な方法といえる．

① 解析的な計算により厳密な解を得る方法

② 格子法

③ 有限差分法

④ モンテカルロ・シミュレーション法

　これらの長・短所を比較すると，計算の簡便性や速さという点では，「①＞（②と③）＞④」の順に優れている一方，適用可能な商品およびプライシング・モデルの広範さという点では，「④＞（②と③）＞①」の順に優れている．したがって，実務上どの手法を選択するかについては，商品やプライシング・モデルの種類に応じて，①を利用可能であればそれを利用し，利用不可能であれば②か③の利用を検討する．そして②か③を利用可能であればそれを利用し，利用不可能であれば④を検討するというのが基本的なスキームである．

　これらの4手法について，個々の特徴点などを順に整理する．なお，より詳細な説明については，例えば，Hull (2000)，Wilmott, Dewynne and Howison (1994)，コックス・ルービンシュタイン (1988) などを参照されたい．

① 解析解の導出

　商品価格が満足すべき方程式を解析的な計算により厳密に解く手法である．上記4手法の中で最も正確，簡便，迅速に価格の解を計算することが可能であり，②～④が近似的な数値計算に基づく処理を行うのと対照的である．解析解が存在するかどうかは，対象商品およびプライシング・モデルの組み合わせに依存する．達観すれば，比較的単純な商品に簡単なモデルを適用する場合に解析解が存在することが多い．

　基本的なオプション商品の価格式の解析解を導出するスキームには，大きく分類して次の3通り（ないし4通り）がある[*9)]．ここでは枠組みと結果だけを示すので，数理的な内容に興味がある読者は，専門文献（Arnold (1992)，Dothan (1990)，Duffie (1996)，Oksendal (1998) など）を参照されたい．

（1）デリバティブズ価格に関する偏微分方程式（PDE）について，満期におけるキャッシュフロー（ペイオフ関数）を境界条件として計算を進め，物理学で知られる熱伝導方程式の解法手順を利用して解を導出する．

（2）原資産価格が従う確率過程（確率微分方程式）を出発点として，ファ

[*9)] 例えば，ブラック-ショールズの公式を導出するには，これらのいずれを使っても可能であることが知られており，多くの教科書はそのいずれかを採用して解説している．

インマン-カッツの定理と呼ばれる確率代数の公式を適用することにより,「デリバティブズ価格が将来のキャッシュフローの割引現在価値の期待値（リスク中立確率下での期待値）として得られる」という性質を利用するもの．これに基づき，確率密度関数を用いた積分計算によってデリバティブズ価格の解析解を導出する．

（3） 等価マルチンゲールと呼ばれる確率代数の概念を用いて,「デリバティブズ価格がキャッシュフローの割引現在価値の期待値（リスク中立確率下での期待値＝マルチンゲール測度下での期待値）として得られる」という性質を利用するもの．これに基づき,（2）と同様に，確率密度関数を用いた積分計算によって価格式の解析解を導出する．

また，エギゾティック・オプションなどをプライシングする場合には，次のような計算が可能な場合もある．

（4） 複雑な商品を分解して基本的商品の組み合わせとみなすことができる場合には，基本的商品の価格解であるブラック-ショールズの公式を適当に組み合わせることにより，対象商品の価格式を得る．

（1）については，前述した偏微分方程式を直接解くという意味で最もストレートなアプローチである．なお，この（1）の方法の拡張として，厳密な解析解が存在しない場合に偏微分方程式を近似的に解く方法が知られている．以下で紹介する③有限差分法はその事例である．

これに対し,（2）と（3）は，いずれも確率代数のテクニックによって偏微分方程式を積分形に書き換えた上で解を求める方法である．この書き換えのプロセスで使うテクニックは（2）と（3）で異なるが，結果的に得られる数式は同じである．すなわち，時点0におけるデリバティブズ価格を $PV(0)$ とすると，

$$PV(0) = E[e^{-\int_0^T r(t)dt} \times \text{CashFlow}(T)] \quad (1.8)$$

という積分を含んだ期待値の計算によって $PV(0)$ を求めることができる[*10]．ここで，期待値演算子 $E[\cdot]$ は，リスク中立確率による期待値の算

[*10] （1.8）式の導出については，ややテクニカルではあるが，一度確認しておきたい．前述の専門文献（Arnold (1992), Dothan (1990), Duffie (1996), Oksendal (1998) など）を参照されたい．

出を表している．金利 $r(t)$ を確率変動しない定数として扱うモデル（ブラック-ショールズ・モデルなど）では，積分を指数に含んだ項を期待値計算の外に出すことができるから，計算が簡単になる．なお，ここで示した（2）および（3）の方法の拡張として，(1.8) 式の積分を含んだ期待値計算が解析的に行えない場合に，離散近似計算ないし数値積分を実行する方法が知られている．以下で解説する② 格子法および ④ モンテカルロ・シミュレーション法がそれぞれの事例である．

② 格子法

図 1.6 のように，現時点から将来に向けて枝分かれが進むツリー（格子）を考え，各々の節点（格子点）において原資産価格およびデリバティブズ商品価格をそれぞれ評価していく．原資産価格 S のツリーは，

$$dS = \mu(S,t)Sdt + \sigma(S,t)Sdz \tag{1.9}$$

に従って原資産が初期値から将来に向けて発展していくと考えて構成していく．一方，デリバティブズ価格のツリーの構成方法は，任意の節点でのデリバティブズ価格が 1 期前のキャッシュフロー（デリバティブズ価格に相当）の割引価値の期待値（リスク中立確率下）として算定できるという前述の性質を用いて，将来の満期時点のペイオフから現在時点へと時間を遡る方向へと計算をしていく．これにより，現在時点 $t=0$ まで計算をすれば，デリバティブズ価格 $PV(0)$ を得られる．その価格は，前掲の公式，

$$PV(0) = E[e^{-\int_0^T r(t)dt} \times \text{CashFlow}(T)] \tag{1.8}$$

を離散近似で解いたことになる．ツリーの枝分かれの幅 (interval) が十分に小さければ，高精度の近似解を得ることが可能である．なお，ツリーの枝分かれ数が 2 つであれば二項格子法（図 1.6），3 つであれば三項格子法（第 2 章において具体的に解説する）と呼ばれる．

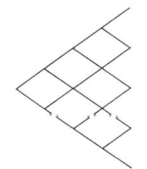

図 1.6　二項格子法のツリー概念図

格子法は，原則的に，経路依存性のない商品[*11]を経路依存性のないプライシング・モデル[*12]によって取り扱う場合に利用可能である．これは，計算速度を現実的な速さに高めるには再結合するツリー（recombining tree, 図 1.6 を参照）を構成する必要があるが，その場合，ツリー上の各格子点における状態（原資産価格や商品価値など）を過去の経路に依存させることができないためである．

格子法の長所の1つとして，アメリカン・タイプのオプションに対しても利用可能であることを指摘できる．具体的には，各格子点において，その場で行使した場合に得られるキャッシュフローとその状態でのデリバティブズ時価を比較することにより，期前行使が行われるかどうかをチェックしていく操作（バックワード・インダクションと呼ばれる）を行う．

格子法の中でも二項格子法，三項格子法などのバリエーションが存在するので，必要性に照らして最適な手法を選択することができる[*13]．二項格子法より三項格子法の方が自由度が大きいので，より複雑でパラメータの数が多いモデルに対応可能である反面，計算速度は遅くなる．この点については，第2章で言及する．

③ 有限差分法

前述の偏微分方程式の諸変数（ここでは時間と原資産価格を表す変数）の変動を微小単位（差分と呼ばれる）に離散近似することにより，微分方程式を差

[*11] ノックアウト（ノックイン）オプションについては，経路依存性をもつにもかかわらず，例外的に格子法および有限差分法を利用することができる．これは，1.4.2項②で述べるように，格子上に現れる価格の解釈を工夫することにより可能となったものである．

[*12] 原資産価格の変動過程が過去の履歴に影響されず，その時点の市場状態のみに依存しているモデル（数学的には，マルコフ型確率過程という）．この性質をもっていると，理論的にも実務的にも取り扱いが簡単になる．実際，ブラック-ショールズ・モデルやハル-ホワイト・モデルなど著名なモデルの多くは，この性質を仮定して作られている．一方，経路依存性をもつモデル（ノン・マルコフ型モデル）の代表例としては，HJMモデルをあげることができる．

[*13] 二項格子法，三項格子法の選択は，使用するプライシング・モデルの性質に基づき決められる．ブラック-ショールズ・モデルをコックス-ロス-ルービンシュタインの方法により離散近似する場合のほか，イールドカーブ・モデルの中でホー-リー・モデルやブラック-ダーマン-トイ・モデルなど比較的自由度の少ない（直観的には，モデル中のパラメータの数が少ない）モデルでは二項格子法を利用可能である一方，イールドカーブ・モデルの中でもハル-ホワイト・モデルのように柔軟性が高く自由度が大きいモデルでは三項格子法を用いることが必要となる（ハル-ホワイト・モデルのプライシングにおける三項格子法の利用方法については第2章を参照）．

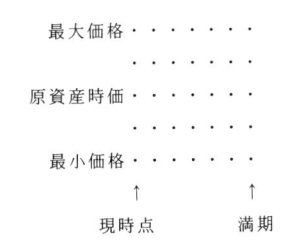

```
            最大価格・・・・・・・
                    ・・・・・・・
            原資産時価・・・・・・
                    ・・・・・・・
            最小価格・・・・・・・
                    ↑       ↑
                   現時点    満期
```

図 1.7　有限差分法におけるグリッドの概念図

分方程式に変換し，その解を数値計算により算出する．格子法におけるツリーの代わりに図 1.7 のようなメッシュ状のグリッドを考え，商品のペイオフ条件から得た境界条件（満期時点）を差分方程式に適用することにより，各グリッド上で原資産価格およびデリバティブズ価格を評価していく．

有限差分法は，格子法による計算とのアナロジーで理解できる．すなわち，格子法が解析解の積分方程式を離散近似したものであったのに対し，有限差分法は解析解の偏微分方程式を離散近似したものである．したがって，有限差分法と格子法には，技術的に共通の特徴点がみられる．例えば，両手法はともに，経路依存性のない商品を経路依存性のないプライシング・モデルによって取り扱う場合に限って利用可能である[*14]．グリッド間隔（interval）の長短によって，計算速度と近似精度がトレードオフの関係にある点も同じである．計算の簡便性の点でも両者に大差はない．このほか，アメリカン・タイプのオプションに対し利用可能であること[*15]，その場合各グリッドにおいて期前行使が行われるかどうかを毎回チェックしていくのが基本的な方法であることも，有限差分法と格子法に共通の性質である．

なお，有限差分法は，差分近似をいかに行うかによって，数通りのバリエーション[*16]をもつ．本書ではそれらを個別には論じないが，方法によって，

[*14] 経路依存型のオプション商品に対して有限差分法の利用に限界があるのは，格子法の場合と同様の理由による．

[*15] 有限差分法においては，こうした計算は一般に自由境界問題（free boundary problem）と呼ばれ，その解法につき数多くの研究がなされている．特にアメリカン・オプションの価格計算については，各グリッドで期前行使の可能性をチェックしていく手法を発展させ，原資産価格に変数変換を施して問題を系統的に再整理しより効率的に答えを得る方法が知られている．代表的には，linear complementarity formulation および variational inequality formulation をあげられる．詳細は，Wilmott, Dewynne and Howison（1994）を参照．

（ⅰ） 計算の収束性（差分幅を小さくして近似精度を上げていくにつれ，解が一定値〈真の解〉に近づいていく性質），
（ⅱ） 計算の安定性（計算プロセスにおける丸め誤差の集積が最終的な解に重大な影響を及ぼさないこと）
（ⅲ） 計算速度

に差がある．したがって，必要に応じて適切な手法を選択すべきである（詳細は Wilmott, Dewynne and Howison（1994）などを参照）．

④ モンテカルロ・シミュレーション法

乱数を発生させることにより，原資産価格の確率過程を時々刻々とシミュレートし，満期時点で実現するペイオフをはじめとして，将来の全キャッシュフローの割引現在価値を算出する．このプロセスを多数回繰り返した上，キャッシュフローの割引現在価値の平均値（リスク中立確率下での期待値）として，デリバティブズ価格 $PV(0)$ を算定する．すなわち，既出の（1.8）式の期待値計算を数値積分の方法で実行する．

$$\mathrm{PV}(0) = E[e^{-\int_0^T r(t)dt} \times \mathrm{CashFlow}(T)] \qquad (1.8)$$

この方法は，経済依存性の有無にかかわらず原理的にどのようなプライシング・モデルにも応用できるほか，アメリカン・オプションを除く大半の商品に適用できるなど，適用範囲の広さにおいて優れた手法である．ただ，計算負担が大きく，フロント・オフィスで利用する際に処理速度がネックとなる場合が多い．したがって，前述の①〜③の手法でプライシングできない場合にはじめてモンテカルロ・シミュレーション法を利用するケースが多い．

なお，モンテカルロ・シミュレーション法は，本章のようにオプション・プライシングのツールとして使われるほか，本書の姉妹書『金融リスクの計量分析』（第1〜2章）などで解説されているポートフォリオの市場リスク・信用リスクの定量的管理にも利用されるなど，実務上の利用価値が高い．この背景には，情報処理技術の発展により急速に計算速度が向上してきていることがある．また，ハード面での開発に加え，ソフト面（計算アルゴリズムの工夫）で

[*16] 具体的に列挙すると，陽的有限差分法（explicit finite difference method），陰的有限差分法（implicit finite difference method），クランク-ニコルソン法（Crank-Nicolson method），加重平均法（weighted average method）など．

も計算効率化のための技術*17)がいろいろと開発されている．

1.4.2　プライシング方法の実例：ノックアウト（ノックイン）オプションの場合

本項では，1.4.1項b.で検討した4通りのデリバティブズ価格の解法を実際にノックアウト（ノックイン）オプションに適用することにより，プライシング方法の理解を具体化させよう．なお，1.4.1項a.で述べたように，ここでのノックアウト（ノックイン）オプションに対するプライシング・モデルとしては，原資産が対数正規過程に従うブラック–ショールズ型を想定する．

以下，各々の解法を順にみていこう．

① 解析解の導出

ブラック–ショールズ・モデルの採用を前提とすると，常時モニター型，ヨーロピアン・タイプのノックアウト（ノックイン）オプションについては，価格式の解析解を計算可能である．このうち，基本的な商品について，価格式の解析解の一覧表を1.A.2項の補論に示した*18)．

価格式の解析解を導出する手法については，一般論として1.4.1項b.の①で4通りの手法（1）〜（4）をみたが，これをベースとしてノックアウト（ノックイン）オプションに利用可能な計算方法は，

---

*17)　比較的簡単な具体例を2つあげると，次の通りである．
　▼　対称変数法（antithetic variable technique）
　1回のシミュレーション・プロセスから，プライシング商品のシミュレーション価格を2つ得る方法．具体的には，乱数を発生させて標準正規分布から1つの標本xをとり出した場合，これに基づくシミュレーションを通常通り進めると同時に，仮想的なもう1つの標本$-x$を得たものと仮定して別のシミュレーションも並行的に進める．この結果，1回のシミュレーション・プロセスが終了した時点で2通りの価格を得ることとなるから，通常の方法に比べ，1/2の時間で同精度の計算を実行できる．
　▼　変量コントロール法（control variate technique）
　求めたい商品の価格Aを直接シミュレートする代わりに，Aと近い価格をもちかつ理論価格が既知である別の商品の価格Bを念頭に置き，数量$(A-B)$をシミュレーションにより算出する．その結果にBの理論価格を加えることにより，価格Aを求める手法．なお，この手法は，モンテカルロ・シミュレーションのほかに格子法や有限差分法においても有効である．

*18)　1.A.2項の補論でとりあげた商品のほか，より複雑なノックアウト（ノックイン）オプションについても解析解の存在が知られているものがある．例えば，ダブル・バリア・オプション（Kunitomo and Ikeda（1992）参照）やアウトサイド・バリア・オプション（Heynen and Kat（1994）参照）があげられる．

（ⅰ）将来のキャッシュフローの割引現在価値の（リスク中立）期待値を積分計算により直接的に算出する方法（1.4.1項b.①の（2），（3）に相当），

（ⅱ）ブラック-ショールズの公式の組み合わせに帰着させる間接的な導出方法（1.4.1項b.①の（4）に相当）

の2つである[*19]．（ⅰ）の方法では，約定期間中に原資産価格がバリア価格をこえたかどうかを判定するための確率分布を考えた上，その後，満期における原資産価格の分布を条件付き確率により表現する必要があるので，単純なオプション商品を評価する場合と比較して，期待値の計算が煩雑になる．しかし，満期におけるキャッシュフローの発生ルールが多少複雑になっても（例えば，リベートが存在する場合），柔軟に対応できるという点が利点である．（ⅰ）の方法によりノックアウト（ノックイン）オプションの価格式を導出する過程は，Rubinstein and Reiner (1991), Rubinstein (1993) などに示されている．一方，（ⅱ）の方法では，面倒な期待値の積分計算を行う必要がない反面，リベートをもつ商品には適用できないなど，応用力の点で劣っている．（ⅱ）の方法を利用した導出過程（具体的には，鏡像原理を利用する方法）については解説される例が少ないので，補論として1.A.1項に考え方のエッセンスを紹介した[*20]．

なお，定期的にモニターを行うタイプの商品には，価格式の解析解が存在しない．これを連続モニター型商品の解析解で代用しようとすると，正確性を失う点に留意する必要がある．厳密な価格式が必要であれば，以下の②〜④の手法を利用すべきである．取引量が僅少であるなどの事情から便宜的に連続モニター型商品の解析解を利用したいならば，誤差の大きさを把握した上で運用することとし，必要に応じ価格調整を加えることが望ましい．

② **格子法**

格子法の利用が考えられるのは，主として，（1）簡単なモデル（ブラック-ショールズ・モデルと同じ対数正規過程）を適用するが，それでも解析解が存

[*19] ここで，1.4.1項b.①の（1）の方法を使うのは困難である．これは，ノックアウト（ノックイン）オプションが経路依存性をもつために境界条件を固定することができないためである．

[*20] ちなみに，1.A.1項の補論に示した鏡像原理を利用した考え方は，ルックバック・オプションの価格式の導出にも応用可能である．

在しない商品を扱う場合と，(2) そもそも高度なモデルを適用する必要があるために，解析解が得られない場合である．(1) の例としては，不連続モニター型商品やアメリカン・タイプの商品をあげることができる．一方，(2) の例としては，金利・債券を原資産とする商品をプライシングするために，将来の金利変動をモデル化するイールドカーブ・モデルが必要となる場合が典型的である．

(2) を適用すべき具体例をあげると，ノックアウト・キャップという商品をプライシングするには，何らかのイールドカーブ・モデルを用いる必要がある．この商品は，通常の金利キャップにおける各々のキャップレット[*21)]に対してノックアウト条件を付した商品である．したがって，複数のノックアウト・オプションをパッケージ化したものとみることができる．ただ，注意を要する点として，(i) 個々のキャップレットの原資産はスタート時点が相異なる先物金利であることと，(ii) ノックアウト金利は先物でなくスポット金利により定義されていること，をあげられる．このようにノックアウト金利と原資産金利の種類が異なると，理論上，現物価格の変化のみを説明するブラック-ショールズ・モデル（または，先物価格の変化のみを説明するブラック・モデル）の枠組みを適用することができない[*22)]．このため，将来のスポット金利と個々の先物金利とを明示的に結びつけるイールドカーブ・モデルが必要となる．イールドカーブ・モデルを適用する場合の数値計算法としては，モデルの性質に応じて，格子法，有限差分法またはモンテカルロ・シミュレーション法のいずれかを利用することになる．

1.4.1項 b. において，格子法が利用可能であるのは原則として，経路依存

[*21)] 通常の金利キャップとは，一定期間にわたり定期的に変動金利（LIBORなど）を支払う契約において，毎回支払い金利に上限を設けるもの．したがって，利払いごとに金利を原資産とするコール・オプションを保有しているものとみることが可能．このとき，個々のコール・オプションをキャップレットと呼ぶ．

[*22)] 金利を原資産とするデリバティブを考える場合，ノックアウト（ノックイン）オプションに限らずプレーン・オプションについてもイールドカーブ・モデルを利用することが好ましいとの意見が一部に存在する．この議論は，金利のプレーン・オプションをプライシングするには，ブラック-ショールズ・モデルを用いても理論的な矛盾は起こらないものの，同モデルの前提をより現実的なものに改善すべきであるとの発想である．これに対し，本書でとりあげているように，金利のノックアウト（ノックイン）オプションをプライシングする場合にイールドカーブ・モデルが必要という議論は，ブラック-ショールズ・モデルを適用しようとしても理論的矛盾に陥ってしまうことに根拠がある．

性のない商品を経路依存性のないプライシング・モデルによって取り扱う場合であると指摘した．しかし，ノックアウト・オプションは経路依存型の商品であるにもかかわらず，ツリーの解釈をやや工夫することによって格子法を適用可能とできる例外的な商品である．具体的には，各格子点に対して，単なる商品価値を対応させるのではなく，当該格子点に至るまでにノックアウトが起こっていないことを想定した場合の「条件付き商品価値」を対応させることとする．この点が通常の格子法と異なるだけであり，後は従来のバックワード・インダクションによって最終的な時価を得ることができる．

技術的な問題として，バリアが格子点上にちょうど載るような形にツリーを構成する（枝分かれ幅を調整する）ことにより，離散近似の精度を向上させられることが知られている．ただ，格子法では通常，時間幅と価格幅をリンクさせて設定する必要がある[*23]ので，価格幅を調整するには時間幅も調整しなくてはならず，システム設計上やや面倒である．

③ 有限差分法

格子法を適用可能な商品・モデルに対しては，代替的に，有限差分法を利用することもできる．

格子法と有限差分法の共通点・相違点のうち，一般のオプションに該当する点は1.4.1項b.で整理した．これに加え，ノックアウト（ノックイン）オプションを扱う場合に特有の共通点として，バリアがグリッド上に載るような形にメッシュを構成する（原資産価格の変動幅を調整する）と離散近似の精度（収束性）を向上させられることを指摘できる．

前述の通り，格子法ではこの調整がやや面倒であったが，有限差分法の場合は，時間幅と原資産価格幅とを独立に調整できることから，この操作が容易であるという利点をもつ（平田・三浦・時岡（1994）を参照）．

④ モンテカルロ・シミュレーション法

将来の金利変動を予測するために利用するイールドカーブ・モデルが経路依存性をもつ場合[*24]，再結合するツリーを利用できないことから格子法や有限

[*23] この点については，本書第2章も参照．

[*24] 例えば，理論的完成度が高いとされるヒース-ジャロー-モートン（HJM）モデル（第2章を参照）を採用した場合などである．

差分法は現実的な手段でない．この場合には，モンテカルロ・シミュレーション法による計算を行う．

1.5 リスク・ヘッジの方法論

デリバティブズに関連したテクニカルな問題の筆頭にあげるべきプライシングのエッセンスを一通り議論したので，次に，今一つの重要な問題であるリスク・ヘッジの方法論を議論しよう．

一般に，エギゾティック・オプションなどの複雑なデリバティブズのリスクをヘッジする枠組みとしては，ダイナミック・ヘッジ，スタティック・ヘッジの2通りを考えることができる．以下では，1.5.1項で両者の特徴を簡単に比較した後，1.5.2項および1.5.3項において，専門的な技術を要する場合が多いとされるスタティック・ヘッジの具体例を，ノックアウト（ノックイン）オプションの場合について示す．さらに，1.5.4項では，1.3節でとりあげたコリレーション・デリバティブズの事例について，スタティック・ヘッジとダイナミック・ヘッジを組み合わせていく方法を示す．

1.5.1 オプション取引に対するリスク・ヘッジの方法論

はじめに，ダイナミック・ヘッジとスタティック・ヘッジを一般的に説明すると，次の通りである．

ダイナミック・ヘッジとは，ヘッジ対象のデリバティブズ商品価格が原資産価格の変化に対してどのように反応するかという感応度（デルタ値）が常にゼロとなる（デルタ・ニュートラル）ように，原資産取引を繰り返していくリスク管理手法である．特にオプション商品では，原資産価格が変化すると感応度も変化するという性質がある（リスクが2次以上のモーメント〈非線形リスク〉をもつ）ため，ある時点で一度デルタ・ニュートラルとしても，その後の原資産価格の変化にともないデルタ・ニュートラルの条件が崩れてしまう．これに対処するには，適当な頻度で，デルタ・ニュートラルを実現するための原資産売買を繰り返していくリバランス操作が必要である．このリバランスの過程では，原資産の取引価格が当初価格に一致していないことから，損益が発生

することに注意を要する．具体的には，ヘッジ対象のオプションのガンマ値（2次の感応度）が正の場合にはダイナミック・ヘッジの過程で利益が発生し，ガンマ値が負の場合には損失が発生する[*25]．

次に，スタティック・ヘッジとは，流動性の高い複数のプレーン取引からヘッジ対象商品の「複製品」を構成し（レプリケーション），ヘッジ対象商品とこの反対取引を組み合わせることにより，ペイオフを相殺させるリスク管理手法である．オプション商品に対してスタティック・ヘッジを施す場合，一度ヘッジを行ってしまえばその後のリバランス操作が不要であり，リバランス操作にともなう取引コストを節約できる点がダイナミック・ヘッジと比較した場合の利点である．一方，エキゾティック・オプションの多くについては，完全な複製品を作ることはできないため，一定の近似的な複製品による反対取引で妥協せざるを得ない場合も少なくない．その場合，わずかながらも残余リスク（residual risk）が残るという欠点がある．残余リスクをできる限り少なくするように，様々な工夫を施して複製の精度を向上させることが重要である．また，全体としてのリスク・ヘッジ精度を高めるには，初期的にスタティック・ヘッジを実行した上，その複製誤差に起因する残余リスクに対してダイナミック・ヘッジを施していくというスキームが有効である（この事例については，1.5.4項でコリレーション・デリバティブズを例に説明する）．

次に，各種のリスク・ヘッジ戦略の選択は，取引主体がどのような目的をもって取引しているかに依存していることを説明しよう．論点を明確にするために，取引目的とリスク・ヘッジ戦略との対応関係を大まかに整理すると，次のように分類できる[*26]．

[*25] 実務上は，セータ効果（時間経過によるオプション価値の減少効果）やベガ・リスク（ボラティリティの増減に起因するリスク）も同時に勘案して取引を行う必要があるが，ここでは概念整理を容易にするため，これらの影響をとりあげない．

[*26] ここで示した対応関係は原則論を整理したものであり，現実の取引が常にこれに当てはまるとは限らない．例えば，ノックアウト（ノックイン）オプションを取引しているディーラー業者の中には，スタティック・ヘッジではなく，ダイナミック・ヘッジを行っている場合も少なくない．これは，本書の枠組みに従えば，フィー・ビジネスとガンマ・ディーリング（またはベガ・ディーリング）とを同時に目指す戦略として解釈できる．こうした例と本章の基本的枠組みとの差は，ガンマ・ディーリング（ベガ・ディーリング）はプレーン・オプションでやれば十分と考えるか，より複雑なオプションも併用してとり組もうとするかの違いにある．

1.5 リスク・ヘッジの方法論

（1） 原資産価格（金利，為替レート，株価など）の変化に対してリスクをとることによりディーリング収益を狙う場合（デルタ・ディーリング）．

この目的だけであれば，市場予測に基づき，原資産のオープン・ポジションを保有・調整すればよく，わざわざオプションを取引する必要はない．オプション取引によってデルタ・リスクをとることは可能であるが，その場合，他のリスク（ガンマ・リスク，ベガ・リスク，セータ・リスク）を同時にともなうこととなるため全体としてのリスク管理が複雑となってしまう点に注意を要する．

（2） オプション商品に特有のガンマ・リスクあるいはベガ・リスクをとることによりディーリング収益を狙う場合（ガンマ・ディーリング，ベガ・ディーリング）．

オプション商品を保有した上，ダイナミック・ヘッジを行う．デルタをゼロとしつつ，ガンマやベガを適切にコントロールする．原理的には，どのような種類のオプション商品を用いてもよいが，取扱いの容易さや取引費用の安さなどの点から，プレーン・オプションを用いるケースが多い．

（3） マーケット・リスクをとらず，手数料（および信用リスク・プレミアム）からの収益を狙う場合（フィー・ビジネス）．

高い手数料を課すことができる商品（流動性が低い非定型商品）を取引した上，スタティック・ヘッジ（あるいは，それとダイナミック・ヘッジの組み合わせ）によりマーケット・リスクを除去する[*27]．典型的には，エギゾティック・オプションなどの取引から高手数料を得て，流動性が高く取引コストが小さいプレーン・オプションなどによりスタティック・ヘッジを実施する．

ダイナミック・ヘッジについては，ヘッジ対象商品の種類によらず，前述の手順が共通に通用する．またマーケット・インパクトの問題に関連して注目を集めたこともあって，多くのデリバティブズ関係者がその理解を深めているものと考えられる．これに対し，スタティック・ヘッジの手法では，複製をいか

[*27] スタティック・ヘッジの技術を有しない場合は，顧客との取引後に他の業者と反対取引を行うことによりマーケット・リスクを除去することも可能であるが，この場合，当該業者が稼ぐ手数料分を失うこととなる．

に行うかがポイントとなるが,これにはヘッジ対象商品に応じて異なった専門的な知識が必要となるので,その内容は一般にさほど知られていないようである.

そこで,本章では以下 1.5.2 項と 1.5.3 項でスタティック・ヘッジの一例としてノックアウト(ノックイン)オプションに対する問題をとりあげ,具体的な感覚を得ることとする.その複製方法には幾通りかの方法がありうるが,以下では,代表的な2通りの方法(それぞれ,スタティック・ヘッジ法(I)・(II)と呼ぶことにする)の手順と背景を紹介する.また,1.5.4 項では,コリレーション・デリバティブズに対するリスク・ヘッジの事例をとりあげて説明する.

1.5.2　ノックアウト(ノックイン)オプションに対するスタティック・ヘッジ法(I)

では早速,スタティック・ヘッジ法(I)により,ノックアウト(ノックイン)オプションの複製品を近似的に構成する手順をみてみよう.

① 当該ノックアウト(ノックイン)オプションからノックアウト(ノックイン)条件を取り外したプレーン・オプションを1単位ロングとする.

② 上記プレーン・オプションがコール(プット)の場合には,逆にプット(コール)のプレーン・オプション(同一満期,行使価格$=X$)を Y 単位ショートとする.

　　ここで,X は,複製対象商品のバリア価格の2乗を同行使価格で除した値である.また Y は,複製対象商品の行使価格を同バリア価格で除した値である.

上記②のポジションは,①のプレーン・オプションと複製対象のノックアウト(ノックイン)オプションの差に対応すべく保有される部分である.換言すれば,プレーン・オプションにノックアウト(ノックイン)条件を付けることにともなう商品価値の減少幅が②のショート・ポジションに相当している必要がある.②のポジションがこうした対応を実現するには,上述のように X,Y を設定すればよいことが,1.A.3 の補論で数学的に示される[*28].

[*28] 1.A.3 項の補論によると,原資産の現物価格の動きに対してノックアウト(ノックイン)条件

1.5 リスク・ヘッジの方法論

次に，スタティック・ヘッジ法（I）の具体例を示そう．ヘッジ対象として，次の商品を考える．

円/USドル為替レートを原資産とするヨーロピアン・コール（期間90日，行使価格90円/USドル）にダウン・アンド・アウト型のノックアウト条件（バリア価格82円/USドル〈したがってストレート・バリア型〉）を付けた商品．ただし，現時点の為替レートは88円/USドル，同ボラティリティは12%，国内金利1.75%，海外金利6.00%であるとする．

このノックアウト・コールを近似的に複製するポートフォリオは，次の2取引から構成される．

① プレーンバニラのヨーロピアン・コール（期間90日，行使価格90円），1単位ロング
② プレーンバニラのヨーロピアン・プット（期間90日，行使価格74.7円），1.10単位ショート

ここで，②の行使価格および取引単位数は，前述の X，Y の算定方法に基づき計算した[*29]．

以上からわかるように，このスタティック・ヘッジ法（I）は，少数のプレーン・オプションによって近似的なヘッジを行うことを特徴としている．一方，次節でみるスタティック・ヘッジ法（II）の特徴を先取りすると，利用するプレーン・オプションの種類を多数に増加させることによって近似精度を（理論上は無限にまで）高めることが可能となっており，この点で両者は対照的である．実務上は，スタティック・ヘッジ法（I）において近似精度に影響する市場環境や商品内容を，またスタティック・ヘッジ法（II）においてヘッジ・ツール増加にともない増嵩する取引費用や所要ヘッジ精度などを，それぞれ総合的に勘案して，最適なヘッジ手法を選択することになる．

が設定されている通常のノックアウト（ノックイン）オプションを扱う場合，厳密にいえば，①，②から成るポートフォリオの複製度は完全ではなく近似的なものである．近似の精度は，満期が遠いほど，また国内・海外金利差が大きいほど低くなるので，場合によっては，②のポジションを上例の内容から微調整すべきである．

[*29] ちなみに，本例の商品は満期が比較的近いことから，前述の調整はほとんど必要ないものと考えられる（例えば，先物・現物価格差が約1%に収まっていることからも，この事情が推察される）．

1.5.3 ノックアウト（ノックイン）オプションに対するスタティック・ヘッジ法（II）

次に，1.5.2項とは別の方法（スタティック・ヘッジ法（II）と呼ぶことにする）によりノックアウト（ノックイン）オプションの複製品を構成する手順を示そう[*30]．ここではまず，具体例を掲げた後，その内容を解説する．議論のわかりやすさに配慮して，二項格子法による記述を用いるが，この内容は連続時点モデルにもそのまま拡張可能である．

〔問題の設定〕

原資産価格のツリーおよび複製目標商品を図1.8，1.9のように設定する．

〔複製ポートフォリオの作製手順〈プレーン・オプションの売買プロセス〉〕

次に，スタティック・ヘッジを目的として，図1.9で示された商品を複製するように複数種類のプレーン・オプションの売買を重ねていく手順（①〜③）をみていこう．

① 5年ものコール（$K=70$），ロング1単位（図1.10）

目標商品からノックアウト条件を外したプレーン・コールを購入したもの．ツリー上の数字は，その時点・状態における商品価格．

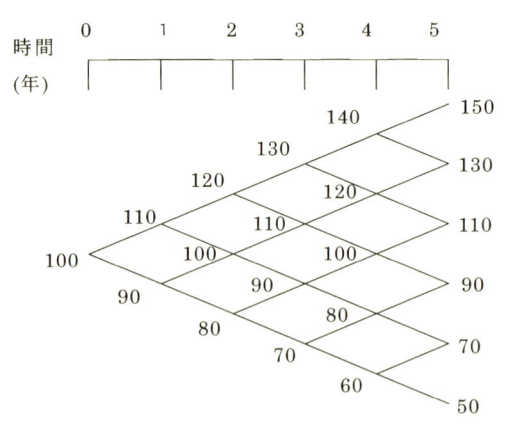

図1.8 原資産価格のツリー
ツリー上の数字は，その時点・状態における原資産価格を表す．

[*30] ここで紹介する方法は，Derman, Ergener and Kani (1994) に基づく．

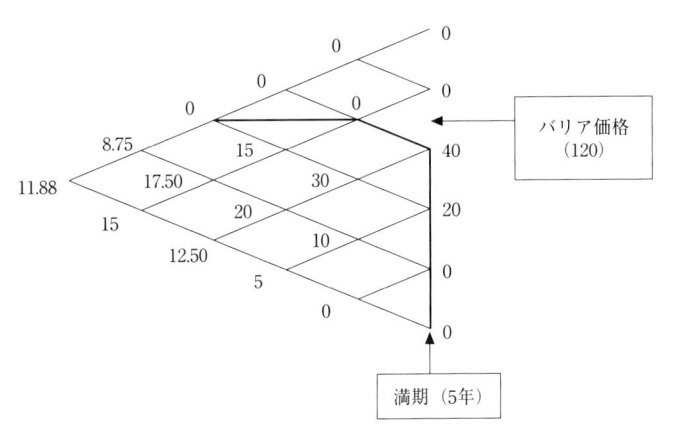

図 1.9 複製目標商品

複製目標商品は，ノックアウト・コール（5年もの，アップ・アンド・アウト，ヨーロピアン），K (strike price) $= 70$，B (knockout price) $= 120$．

ツリー上の数字は，その時点・状態における同ノックアウト・コールの商品価格[*31]を表す．また，ツリー中の太線が，ノックアウト境界線（境界外ではノックアウトの実現によりオプション価値が消滅）を表す．

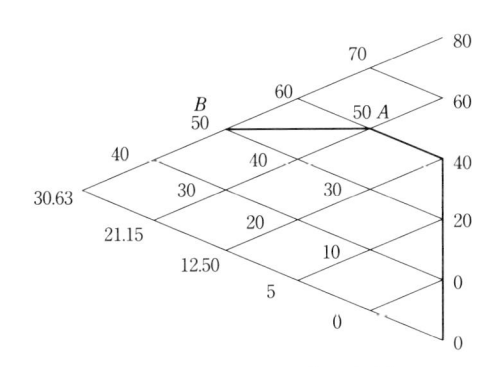

図 1.10 ポートフォリオ複製手順①

② ①に 5 年ものコール（$K=120$），ショート 10 単位を追加（図 1.11）

A 点（4年時点，バリア上）におけるポートフォリオ価値がゼロとなるように売買単位を決定した．満期が A 点の 1 期先，行使価格がバリア価格に一致したプレーン・コールを利用．

[*31] 厳密には，1.4.3項②において述べた「条件付き商品価値」を表す．

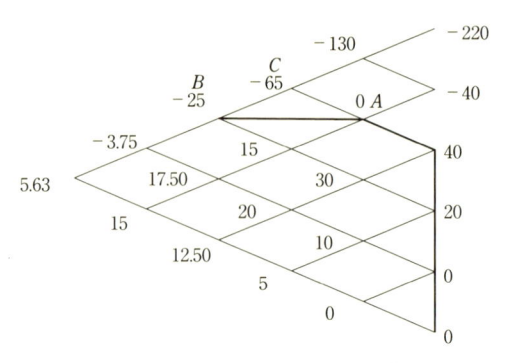

40   1. デリバティブズのプライシングとリスク・ヘッジ

図1.11 ポートフォリオ複製手順②

③ ②に3年ものコール ($K=120$), ロング5単位を追加 (図1.12)

B 点 (2年時点, バリア上) におけるポートフォリオ価値がゼロとなるように売買単位を決定した. 満期が B 点の1期先, 行使価格がバリア価格に一致したプレーン・コールを利用.「境界線」(下図における太線) 上のすべての点において, 下記ツリーの値は複製目標商品のツリーの値に一致.

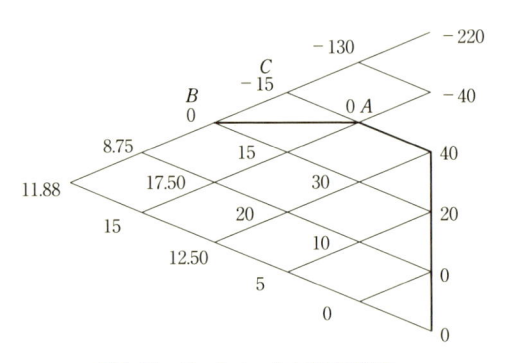

図1.12 ポートフォリオ複製手順③

上記の手順を一言で説明するならば, ノックアウト境界線 (バリア上の各時点および満期時点の各状態を結んだ境界線) の上のすべての点において, 複製ポートフォリオの価値が複製目標のノックアウト・コールの価値に等しくなるようにポジションを選択したものといえる.

利用するプレーン・オプションは，一般に，目標商品からノックアウト（ノックイン）条件を外したオプション1単位と，行使価格をバリア価格に設定した，満期が相異なる各種プレーン・オプションである．売買単位は以下の条件を満足するように決定される．

まず，前述の①のポジションにより，上記ノックアウト境界線上のうち満期時点の状態について価値が等しいとの条件が満足される．次に，②の操作により，バリア上のA点で条件が満たされる．ここで注意したいのは，②で追加するオプションは行使価格がバリアに設定されていることから（満期時点でのバリア以下のペイオフがゼロとなり），①で一度満足させた条件に干渉しないという点である．最後に，③の操作によりB点でも条件が満たされ，ノックアウト境界線上のすべての時点・状態で価値が等しいポートフォリオが構成される．

スタティック・ヘッジ法（II）における複製とは，厳密には，原資産価格がバリア以下の状態にある場合に限って2つのポジションの価値が近似的に同一になるように構成することを意味する（バリアをこえた状態では必ずしも同一のペイオフをもつわけではないという点に注意されたい）．ただ，この意味で複製が達成されれば，

(1) 2つのポジションについて現時点の時価が等しいこと（取引費用などは無視）[32]，

(2) ヘッジ後（反対ポジションの造成後）にいかなる市場変動が起きても合計価値はゼロのまま維持可能であること[33]，

が保証されるので，スタティック・ヘッジの目的を満足させるには十分である．

一般に，複製に用いるプレーン・オプション（行使価格が同一〈バリア価

---

[32] (1)が保証される根拠は，二項格子法においてプライシングを行う際にバックワード・インダクション（1期前の商品価値のリスク中立割引期待値の計算を繰り返すことにより時価を得る原理）が利用される点を念頭に置くと，「境界線」上のすべての価値が等しくなっているポジションについては，同境界線によって囲まれた領域内のあらゆる状態における価値も互いに等しくなっていることにある．

[33] (2)が保証される根拠は，原資産価格がバリアに到達した時点で複製ポートフォリオの全ポジションを閉じる（クロージング・コストは，取引費用を無視すれば，ゼロ）というルールを設けることにより，境界線外の状態における価値をも等しくすることが可能であることにある．

格〉で満期が異なる商品）の種類を増やし，「いつであれ，原資産価格がバリア価格に一致した場合には常に商品価値が一致する」という条件をよりきめ細かく満足させることにより[*34]，複製の近似精度を向上させられる．

なお，いったん作り上げた複製ポートフォリオの近似精度は，満期が近づいており，かつ原資産価格がバリア価格に近接している場合にのみ際立って悪化する．それ以外の条件下では，実務上十分なヘッジ精度を維持する．近似精度が悪化する局面では，複製誤差に相当するポジションに対してダイナミック・ヘッジを施すことにより，ヘッジ機能を高めることなどが考えられる．

1.5.4　事例研究：コリレーション・デリバティブズのリスク・ヘッジ

次の事例研究は，1.3節で具体的に紹介したコリレーション・デリバティブズに対してリスク・ヘッジを行う方法である．ここでは，複数の原資産が存在するために，リスクファクターも複数個に増えるほか，原資産間の相関も新たなリスクファクターとなるなど，特徴的な問題がいくつか発生する．ただし，リスク・ヘッジ方法の基本については，ノックアウト（ノックイン）オプションの場合と同様に，スタティック・ヘッジとダイナミック・ヘッジの組み合わせを適用していくことになる．すなわち，技術的に可能な範囲で初期的にスタティック・ヘッジを施した上，それにもかかわらずとり残された残余リスクをダイナミック・ヘッジによって処理していくというスタイルが示される．

具体的なヘッジ方法を示す前に，まず，本項a.でリスクの特徴を簡単に整理した上，b.とc.で具体的なヘッジ例を紹介する．

a.　コリレーション・デリバティブズのリスクの特徴

コリレーション・リスクの性質については1.3節でごく簡単に言及したが，それを数式の上で再整理すると次のように解釈できる．任意のコリレーション・デリバティブズ（原資産価格を R および X の2つとする）の時価を PV と表し，時価の変動額（リスク量に相当）dPV を各リスク・ファクターのテーラー展開により近似すると，

[*34)] 二項格子法の世界では，単位格子当たりの時間を小さくすることにより離散近似の精度を高めることが可能．この場合，バリア上（「境界線」上）に載っている点の数が増加することとなるが，そのすべての点でポートフォリオ価値を複製目標商品の価値に一致させる必要がある．このため，ポートフォリオを構成するプレーン・オプションの種類を増やさざるを得ない．

1.5 リスク・ヘッジの方法論

$$PV = PV(R, X, \sigma_R, \sigma_X, \rho_{R,X})$$

$$\begin{aligned}
dPV &= \frac{\partial PV}{\partial R}dR + \frac{\partial PV}{\partial X}dX + \frac{1}{2}\frac{\partial^2 PV}{\partial R^2}dR^2 + \frac{1}{2}\frac{\partial^2 PV}{\partial X^2}dX^2 \\
&\quad + \frac{\partial^2 PV}{\partial R \partial X}dRdX + \frac{\partial PV}{\partial \sigma_R}d\sigma_R + \frac{\partial PV}{\partial \sigma_R}\partial \sigma_R + \frac{\partial PV}{\partial \sigma_X}d\sigma_X + \frac{\partial PV}{\partial \rho_{R,X}}d\rho_{R,X} \\
&\equiv \Delta_R dR + \Delta_X dX + \frac{1}{2}\Gamma_R dR^2 + \frac{1}{2}\Gamma_X dX^2 + \Gamma_{R,X} dRdX + V_R d\sigma_R \\
&\quad + V_X d\sigma_X + V_{R,X} d\rho_{R,X}
\end{aligned} \quad (1.10)$$

となる.ただしこの近似では,簡単のために,原資産価格の変動については3次以上のモーメントを,原資産価格のボラティリティの変動については2次以上のモーメントを,その他のリスク・ファクター(時間経過を表す t など)については1次以上のモーメントを,それぞれ無視している.(1.10)式において,Δ_R と Δ_X(デルタ・リスク),Γ_R と Γ_X(ガンマ・リスク),V_R と V_X(ベガ・リスク)はプレーンなオプション商品においても観測されるよく知られたリスクである.一方,コリレーション・デリバティブズ特有のリスクは,$\Gamma_{R,X}$ の「クロス・ガンマ・リスク」および $V_{R,X}$ の「コリレーション変動リスク」[*35] である.(1.10)式をみると,クロス・ガンマ・リスクは通常のガンマ・リスクが拡張されたもの,コリレーション変動リスクは通常のベガ・リスクが拡張されたものと解釈することが可能である.以下では,これらをヘッジする具体例を順に紹介する.

b. クロス・ガンマ・リスクのヘッジ方法

一般に,オプション性を有するデリバティブズでは,そのデルタ値が時間経過にしたがって変化する(換言すれば,ガンマがゼロでない).したがって,1時点でデルタ・ニュートラル・ポートフォリオを造成した後,刻々と変化するデルタを調整し続けるには,随時ポートフォリオをリバランスするダイナミック・ヘッジが必要となる.クロス・ガンマ・リスクはガンマ・リスクの一種であるから,理論上このダイナミック・ヘッジ法を適用可能である.ただ,元

[*35] 「コリレーション変動リスク」を Ω(オメガ)リスクと呼ぶ場合もある(デルタ,ガンマなどと同様に,ギリシャ文字により表記するもの).

のコリレーション・デリバティブズ（原資産2つとする）に対して3種類のガンマ（(1.10)式では，Γ_R, Γ_X, $\Gamma_{R,X}$ に相当）の個々にダイナミック・ヘッジを適用しようとすると，ヘッジ操作が過度に複雑となる．そこで，実務的にはとりうる方法は，

(ⅰ) 複雑なデリバティブズ商品を分解して，できる限りプレーンな基本商品（流動性が高く，反対取引が自由に行える商品）と残りの部分に分けた上，

(ⅱ) 基本商品の形になった部分は（内部取引により）各ブックに渡して一括管理する一方，

(ⅲ) 残りの部分にかかるリスクは別途集計して分別管理する，

方法である．ここで（ⅰ）と（ⅱ）のプロセスは，スタティック・ヘッジにほかならない．これにより，基本商品のリスクとして把握可能な2種類のガンマ（Γ_R, Γ_X に相当）をヘッジ対象から外すことができるため，(ⅲ)の段階でクロス・ガンマ・リスク（$\Gamma_{R,X}$ に相当）のみをダイナミック・ヘッジすればよいこととなり，ヘッジの操作が簡便化される．すなわち，実務的に可能な範囲でスタティック・ヘッジを適用した上，そこでとり除き得なかった残余リスク（この例ではクロス・ガンマ・リスク）をダイナミック・ヘッジによって処理するわけである．一般に，ダイナミック・ヘッジのパフォーマンスを向上させるためにはリバランスの頻度を増やす必要があるが，それに応じてコストも増大するため，ここで紹介した形でスタティック・ヘッジとダイナミック・ヘッジを組み合わせる方法は，経済的な観点からも合理的といえる．

では，実際にこのようなヘッジ方法の具体例を示そう．ここでは比較的簡単な例として，1期間ディフ・スワップ（one period diff swap＝1年後に決まる1年金利をベースにして，2年後に円変動金利を受けとり，ドル変動金利を払う．想定元本〈共に円建て〉の交換はなし）を考え，そのリスクをヘッジする手順を以下の（Ⅰ）〜（Ⅲ）のステップとして示す．「基本商品」としてとり外される部分は，オプション商品ではなく，2種類の金利スワップ（円金利スワップとドル金利スワップ）である[*36]．

[*36] したがって，この例での原資産価格の2次の変動リスク（Γ_R, Γ_X）は，慣習上ガンマ・リスクではなく，コンベクシティ・リスク（convexity risk）と呼ばれているリスクである．

表 1.2　初期ヘッジ後のキャッシュフロー

	受け	払い
原取引	100 円×¥L	100 円×($L+\alpha$)
追加取引 (1)	100 円×¥L_0	100 円×¥L
追加取引 (2)	1 ドル×L	1 ドル×L_0

合計 (1 ドル−100 円)×($L-$L_0$) + 100 円×(¥$L_0-$L_0-\alpha$)

（I）　ヘッジ対象商品（one period diff swap）の商品内容
- 約定日　　　　95/2
- 金利確定日　　96/2
- 利払い日　　　97/2
- 受取金利　　　¥Libor 12 M （以下¥L）（想定元本 100 円）
- 支払金利　　　$Libor 12 $M+\alpha$ （以下$$L$）（想定元本 100 円）
- 95/2 時点の 97/2 受渡先物為替レート　100 円/ドル

ただし，α はこの取引の約定日時点の価値がゼロになるように設定される．

（II）　初期ヘッジ（スタティック・ヘッジ）の手順
（1）　円金利スワップ（原取引と同様の one period swap）を締結．想定元本 100 円，変動金利〈¥L〉払い，固定金利〈¥L_0〉受け（¥L_0：現在のイールドカーブから算出される 1 年後スタートの円の 1 年金利）
（2）　ドル金利スワップ（原取引と同様の one period swap）を締結．想定元本 1 ドル，変動金利〈$$L$〉受け，固定金利〈$$L_0$〉払い（$$L_0$：現在のイールドカーブから算出される 1 年後スタートのドルの 1 年金利）

以上の取引による 2 年後の受け払いをまとめると，表 1.2 の通りとなる．

ここで，キャッシュフロー合計額のうち「100 円×(¥L_0-L_0-\alpha$)」の部分は円建てで金額が確定しており，割引債と同様の単純な円金利リスクを有するのみであるから別建てでリスク管理できる．したがって，以下では，「(1 ドル−100 円)×($L-$L_0$)」の部分に対応するキャッシュフローに注目する（次表参照）．

受け	払い
100円×L_0	1ドル×L_0
1ドル×L	100円×L

なお,このキャッシュフローを円建てでみた価値を FV と表すと,
$$FV = (X-100) \times (\$L - \$L_0)$$
となる.ただし,X は,キャッシュフロー発生日の為替レートを表す.

(III) ダイナミック・ヘッジの手順

FV は,$X=100$ である限り,$\$L$ がどのように変化しても不変である.また,$\$L=\$L_0$ である限り,X がどのように変化しても不変である.現時点では,$X=100$ かつ $\$L=\$L_0$ であるから,初期のスタティック・ヘッジによって,瞬間的には為替リスクおよびドル金利リスクを回避できたことになる[*37]。

しかし,X と $\$L$ が同時に変化すると FV が変化するため,コリレーションと関連した残余リスクが存在している.これに対処するには,取引開始以降,X の変化に応じてダイナミックにヘッジを行う必要がある.この事情を具体的にみると,以下の通りである(①〜④).

① 取引開始時点においては,$X=100$ であるからドル建てでみたキャッシュフローは次表の通りである.ここでは,$\$L$ がどのように変化してもネット・キャッシュフローは常にゼロであるから,ドル金利リスクは存在しない.

受け	払い
1ドル×L_0	1ドル×L_0
1ドル×L	1ドル×L

② 時間の経過とともに,例えば $X=80$ となれば,キャッシュフローは次表の通りとなる.ここでは,$\$L$ の変化に応じてネット・キャッシュフローが変化することとなるため,ドル金利リスクを負う.

[*37] FV の為替レートに対するセンシティビティ($\delta FV/\delta X = \$L-\$L_0$)およびドル金利に対するセンシティビティ($\delta FV/\delta \$L = X-100$)とも,現時点ではゼロとなる.なお,本来リスク度合いをみる際には将来価値ではなく,現在価値の変化に注目すべきであるが,ここでは円金利を一定とみなして為替リスク,ドル金利リスクに焦点を当てているので将来価値で代用しても議論に影響を与えない.

1.5 リスク・ヘッジの方法論

受け	払い
1.25 ドル×L_0	1 ドル×L_0
1 ドル×L	1.25 ドル×L

③ このドル金利リスクを回避するには，想定元本 0.25 ドルのドル金利スワップ（固定払い，変動受け）を締結する．

④ 逆に，為替レートが当初に比べてドル高方向に動けば，固定受け，変動払いのドル金利スワップを追加締結する．こうした手順により，為替レートの変化に応じて，ドル金利スワップをダイナミックに行っていく．

原資産が1つのデリバティブズの場合，スワップのようにオプション性がない商品については初期ヘッジのみによりリスクを完全にヘッジできる．これに対し，コリレーション・デリバティブズの場合，上記のように，オプション性がない商品についてもドル金利スワップをダイナミックに行っていく必要がある．そして，その過程でドル金利の水準が変化するため，ヘッジ取引にともなう損益が発生することとなる．損益のプラス・マイナスは，表1.3のマトリクスに示されるように，為替レートの変化の方向とドル金利の変化の方向に依存する．したがって，ここでいう損益の期待値は，為替レートの変化とドル金利の変化のコリレーションに依存することとなる．この点からも，この商品の時価がコリレーションに依存して決まることが理解できる．

表1.3 ドル金利および円・ドルレートに応じた損益の方向

	ドル金利上昇	ドル金利低下
ドル高	利益	損失
ドル安	損失	利益

c．コリレーション変動リスクのヘッジ方法

オプション商品のトレーディングでは，原資産価格のボラティリティが変動することに起因するベガ・リスクをヘッジする場合に，ポートフォリオにおいて，原資産が同一である全商品のベガの総和をゼロとするような戦略（ベガ・ニュートラル・ストラテジー）が用いられる．コリレーション変動リスクは，ベガ・リスクの一種であるから，少なくとも理論上，これと同様の戦略を活用することができる．例えば，2つのリスク・ファクター（R および X）を原

資産とするあるコリレーション・デリバティブズ（商品①とする）のコリレーション変動リスクをヘッジするには，同じリスク・ファクターを原資産とする別の種類のコリレーション・デリバティブズ（商品②とする）を取引することにより，コリレーション変動リスクの合計をゼロとすればよい．

しかし，市場で取引可能なコリレーション・デリバティブズの種類やその流動性が限られている世界では，ヘッジに適した商品②に対して市場ニーズがまったくない場合もあろう．この場合，商品①の反対取引を行うことでしか，元のリスクをヘッジすることができない．しかも，場合によっては，商品①に対する市場ニーズが一方（売り一方または買い一方）のみに向いていることがあり，このときは反対取引ができないためにリスク・ヘッジが不可能となる．

こうした状況に対応する方法の1つは，従来のプロダクト・ライン中に適当な商品②を見いだすことができなくとも，市場ニーズに適った「商品②」を新たに開発して取引することによりリスク・ヘッジをすることである．こうした都合のよい新商品をデビューさせることができるかどうかは新商品開発の様々なノウハウにかかっているといえる．以下では，このような形のヘッジをいかに行い得るか，一例を示しておこう．

（1） ヘッジ対象商品（商品①）：スプレッド・オプション（5年物円スワップ・レートから3か月物円 LIBOR を差し引いたスプレッドを原資産とする2年物ヨーロピアン・コール）の買持ち．

この商品の時価は，5年物円スワップ・レートの変動と3か月物円 LIBOR の変動とのコリレーションに依存して決まる．定性的には，コリレーションが増大すると，スプレッドの変動性が小さくなることから，オプションの価値は減少する（1資産のオプションで，原資産のボラティリティが低下した場合に相当）．このように，コリレーションの大きさが経時変化することにともなう時価変動リスクが存在している．

ここで，投資家の相場観は，目先短期金利が上昇し，長期金利が下落するとの予想に一方的に傾いているものと仮定する．この場合，原資産価格のスプレッドは下落することが見込まれるため，商品①の価値も下落すると予想され，現時点で商品①を買いたいという投資家はほとんど存在しない．このため，

業者側では，現在のポジションを反対取引（売り）によって解消することができない．したがって，次のような別の商品を開発し，これを用いてリスクを相殺するような取引を企図する．

（2） ヘッジ手段となる商品（商品②）：3か月物円 LIBOR に対するキャップ（ただし，キャップ・レート〈＝オプションの行使価格〉は固定値でなく，各行使時点における5年物円スワップ・レートと3か月物円 LIBOR の平均値とする）の売却．

この商品の時価も，商品① と同じコリレーションに依存する．定性的には，コリレーションが増大すると，キャップ・レートと原資産レートの連動性が大きくなることから，オプション行使の機会が減少することとなり，オプションの価値は減少する（商品① と同じ符号のコリレーション変動リスクが存在）．したがって，この商品を適量だけ売却することにより，商品① のコリレーション変動リスクを相殺することが可能である．

前述の市場相場観によれば，原資産価格の短期金利は上昇が見込まれる一方，キャップ・レートはさほど変動しないことが見込まれる．このため，商品② の価値は増大することが期待され，投資家の中には，これを買いたいという者が現れる．この結果，業者は，商品② の売却が可能となる．

繰り返しになるが，もし商品① の反対取引を行うことができるならば，こうした商品② を新たに開発する必要はない．しかし，この例のように相場観が一方に片寄っている場合や，流動性が乏しい場合には，市場で商品① の反対取引の相手を見いだしにくい．このようなケースには，商品性の異なる商品② をプロダクト・ラインに加えることにより，適当な投資家を発掘してヘッジ取引を成功させるチャンスを拡大することが可能となる．

1.6 終わりに

本章では，デリバティブズの商品体系を概観した後に，ノックアウト（ノックイン）オプションとコリレーション・デリバティブズの具体的商品を広く説明することによって，デリバティブズの多彩かつ柔軟な商品性に接した．次に，実務上で活用される数理的な技術として，これらの多彩なデリバティブズ

に一般的に当てはまるプライシング方法とリスク・ヘッジ方法の2点を体系的に解説した．プライシング方法については，主として原資産価格過程に関するモデル選択の問題と，デリバティブズ価格に対する偏微分方程式（PDE）の解法について整理し，事例としてノックアウト（ノックイン）オプションへの適用を紹介した．リスク・ヘッジ方法については，スタティック・ヘッジとダイナミック・ヘッジの両者を概観した後，より技術的な要素が大きいスタティック・ヘッジについて理解を深めるために，ノックアウト（ノックイン）オプションとコリレーション・デリバティブズへの適用事例を紹介した．

本章で繰り返し強調してきたように，デリバティブズは極めて多彩な商品群から構成されている．実務家にとって重要なのは，それらに対して普遍的に適用できるプライシングおよびリスク・ヘッジの基本的な方法論を理解することと，その原理を踏まえ，個々のデリバティブズの商品性に応じて最適な技術が何かを判断する能力を養うことである．本章では，こうした理解を深めるために，具体的事例を通じた説明を多用した．それらは無限に広がるデリバティブズの一端をみたに過ぎないともいえるが，ここでの経験が他のデリバティブズを扱っていく上で土台となる考え方を供するものと願っている．

1.A 補　　論

1.A.1 ノックアウト（ノックイン）オプション価格式の解析解導出に当たっての考え方

本章では，各種ノックアウト（ノックイン）オプションの事例研究の中で，比較的簡単な商品については価格式に解析解が存在することを示し，解析解の導出手法として2つの考え方（1.4.2項①の（i）と（ii））があることを指摘した．この補論の目的は，このうち（ii）の考え方に基づく解析解の導出プロセスのエッセンスを示すことである．以下では，例として「プレーンなヨーロピアン・コールオプションに連続モニター型のノックアウト条件が付された商品」の価格式を実際に導出する過程を紹介する．

〔評価対象商品〕
- ノックアウト条件付きヨーロピアン・コール・オプション

（ダウン・アンド・アウト，ストレート・バリア型）

〔記号の表記〕
- 現在の原資産価格：S
- 行使価格：K
- ノックアウト価格：B（ただし，$B<S<K$）
- 鏡像価格：Z（ただし，$Z \equiv B^2/S$）
- 評価対象のノックアウト・オプションの価格：C_{KO}（ただし KO＝Knock Out）
- 評価対象商品からノックアウト条件をとり外したプレーン・オプションの価格：C_{PV}（ただし PV＝Plain Vanilla）
- 現時点の原資産価格が Z（鏡像価格〈後で定義〉）であったと仮定した場合のプレーン・オプションの価格：C_{MR}（ただし MR＝Mirror Image Product）

本方法のエッセンスは次の通りである[*38]．

① 以下では，評価の対象としているノックアウト・オプションと同商品からノックアウト条件をとり外したプレーン・オプションとの価格差を解析解として求めることを目指す．これが実現すれば，最終的に求めたいノックアウト・オプションの価格式（C_{KO}）は，プレーン・オプションの時価（C_{PV}：ブラック-ショールズの公式として既知）と同価格差の和として表現されるからである．

② 結論を先取りすると，同価格差は，次に示すオプション商品の価格に一定値を乗じた価値によって表される．

まず，自然対数でみて，ノックアウト価格（$\log B$）を中心として現在の原資産価格（$\log S$）と鏡像関係に位置する価格（$\log Z$）を定義する（$Z \equiv B^2/S$〈参考：Z は，$\log S - \log B = \log B - \log Z$ という関係を満足〉）．そして，仮に現時点の原資産価格が Z であると想定した場合に，ノックアウト条件がついていないプレーン・オプションの価値が，C_{MR} であるとする．実は，この C_{MR} を定数倍（確率調整を行うため〈④を参照〉）したものが上記価格差となる．

[*38] この補論で利用する鏡像原理の考え方を利用すると，ノックアウト（ノックイン）オプションのほかに，ルックバック・オプションの価格式についても解析解を導出することができることが知られている．

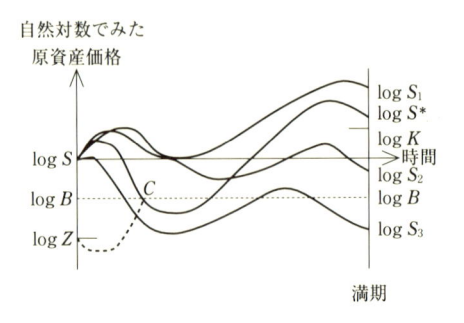

図1.13 原資産価格のパスの例

この理由は,次の③に示す.

③ 図1.13には,原資産価格が現時点の S から出発して満期に至る無数の潜在的なパスの中から4種類のパスを例示している.これらを個別にみると,パス $S \to S_1$ はバリアをヒットすることなくイン・ザ・マネーの状態で満期に到達するケースであり,この場合はノックアウト条件の有無にかかわらず同一のペイオフが実現する.また,パス $S \to S_2$ はバリアをヒットすることなくアウト・オブ・ザ・マネーの状態で満期に到達するケース,パス $S \to S_3$ はバリアをヒットした後アウト・オブ・ザ・マネーの状態で満期に到達するケースであり,共にノックアウト条件の有無にかかわらずペイオフがゼロである点は共通である.一方,パス $S \to S^*$ はバリアをヒットした後イン・ザ・マネーの状態で満期に到達するケースであり,この場合,ノックアウト条件が付いていないプレーンな商品では正のペイオフが実現するのに対し,ノックアウト条件が付いた商品ではペイオフがゼロである.したがって,①でみた価格差 ($C_{PV} - C_{KO}$) の発生に寄与するのは,$S \to S^*$ タイプのパスに限られることがわかる.

このように,原資産価格が現時点の S から満期に至る無数のパスの中でノックアウト条件の影響を受けるパス,すなわち,原資産価格が,最低一度は B を下回るがその後再び B を上回り,最終的に満期で K を上回っているようなパスを考える(以下,代表的に上図におけるパス $S \to C \to S^*$ をとりあげる).こうしたパスの各々に対して,原資産価格が Z から出発して点 C を通り S^* に至るパス $Z \to C \to S^*$($Z \to C$ の部分はパス $S \to C$ の鏡像になっている)を1対1に対応させることができる.①でとりあげた価格差は,パ

ス $S \to C \to S^*$ から得られるペイオフの割引期待値であるが,実はそれは,パス $Z \to C \to S^*$ から得られるペイオフの割引期待値の定数倍となっている(これは,ペイオフの大きさは同一であるが,期待値をとるための確率につき,④ でみる事情から,パス $S \to C \to S^*$ のリスク中立確率がパス $Z \to C \to S^*$ のそれの定数倍となっていることによる).そもそも,② でとりあげたプレーン・オプションの価値は,パス $Z \to C \to S^*$ によって生み出されるものであるから,結局,上記価格差は,プレーン・オプション価格の定数倍となっている.

④ ここでは,パス $S \to C \to S^*$ とパス $Z \to C \to S^*$ とで実現確率(リスク中立的な世界)を比較し,これらが定数倍の関係にあることを示す.簡単のため二項格子法の世界で議論すると,まず,原資産価格が S を出発して下落を続け,最短で点 C に到達するパスにおける下落回数を a とする(a は,S と B により一意に定まる定数 $\langle S(e^{-\sigma\sqrt{\Delta t}})^a = B$,すなわち $a = [\log(S/B)]/\sigma\sqrt{\Delta t}\rangle$).到達が最短でない場合には,下落回数 $(a+k)$ 回,上昇回数が k 回,合計で $(a+2k)$ 回の変化の後に B を初めて下回るものと考えることができる.今,リスク中立下での上昇確率を p,下落確率を $1-p$ とすると(ただし,二項格子法の標準的な関係式,$p = (e^{(r-d)\Delta t} - e^{-\sigma\sqrt{\Delta t}})/(e^{\sigma\sqrt{\Delta t}} - e^{-\sigma\sqrt{\Delta t}})$ を想定),$(a+2k)$ 回の変化後に B を初めて下回る確率 $\text{Prob}(S \to C, k)$ は,$_{a+2k}C_{a+k}(1-p)^{a+k}p^k$ である.まったく同様の議論を,鏡像パス $Z \to C$ に対して行うことができる.対応するパスは,上昇回数 $(a+k)$ 回,下落回数 k 回で C に到達するパスであり,その確率 $\text{Prob}(Z \to C, k)$ は $_{a+2k}C_k(1-p)^k p^{a+k}$ である.したがって,$\text{Prob}(S \to C, k) = [(1-p)/p]^a \text{Prob}(Z \to C, k)$ という関係が成り立つ 2つのパスにおいて,点 C から S^* までのパスは同一であることを勘案すると,$\text{Prob}(S \to C \to S^*, k) = [(1-p)/p]^a \text{Prob}(Z \to C \to S^*, k)$ と書き直すこともできる.ここで注意すべきは,$\alpha \equiv [(1-p)/p]^a$ は k によらず,S,B,r,σ,Δt のみによって決まる定数である点である.このように,パス $S \to C \to S^*$ のリスク中立確率は,パス $Z \to C \to S^*$ のそれの定数 α 倍となっている.

⑤ ④ において,二項格子法により離散近似された世界での定数 α を得た.この近似の極限値を計算すると,連続型のモデルにおける定数 α を求められ

る．若干の数式展開によって得られる結果は，

$$\lim_{\Delta t \to 0} \alpha = \lim_{\Delta t \to 0} \left(\frac{1-p}{p}\right)^a = \left(\frac{S}{B}\right)^{-\frac{2(r-d)}{\sigma^2}+1}$$

である．したがって，

$C_{KO} = C_{PV} - $「①における価格差」

$$= C_{PV} - \left(\frac{S}{B}\right)^{-\frac{2(r-d)}{\sigma^2}+1} C_{MR}$$

$$= [Se^{-dt}N(x) - Ke^{-rt}N(x-\sigma\sqrt{t})] - \left(\frac{S}{B}\right)^{-\frac{2(r-d)}{\sigma^2}+1}[(B^2/S)e^{-dt}N(y) - Ke^{-rt}N(y-\sigma\sqrt{t})]$$

$$= [Se^{-dt}N(x) - Ke^{-rt}N(x-\sigma\sqrt{t})] - [Se^{-dt}(B/S)^{1+2(r-d)/\sigma^2}N(y) - Ke^{-rt}(B/S)^{-1+2(r-d)/\sigma^2}N(y-\sigma\sqrt{t})]$$

ただし，

$$x \equiv \frac{\log\frac{S}{K} + (r-d)t + \frac{1}{2}\sigma^2 t}{\sigma\sqrt{t}}$$

$$y \equiv \frac{\log\frac{B^2}{SK} + (r-d)t + \frac{1}{2}\sigma^2 t}{\sigma\sqrt{t}}$$

なお，この結果は，1.A.2項の補論で示す内容（ダウン・アンド・アウト・コール，$K > B$，$R = 0$ のケース）と一致している．

ここまではノックアウト・コール（リベートなし）の価格式を導出してきたが，この結果からすぐにノックイン・コール（リベートなし）の価格式も得ることができる．これは，リベートなしの商品について，満期，行使価格，バリア価格，モニター間隔が同じであるノックアウト・コール（プット）価格とノックイン・コール（プット）価格の和が，プレーン・コール（プット）価格に一致するという裁定関係が成立するためである．したがって，プレーン・コールに関するブラック-ショールズの公式から本補論で導出したノックアウト・

コールの価格式を差し引けば，直ちにノックイン・コールの価格式（解析解）を得る．

1.A.2 ノックアウト（ノックイン）オプション価格式の解析解リスト

ノックアウト・オプションおよびノックイン・オプションの価格式を解析的に導出した結果をまとめると以下の通りである．具体的には，Rubinstein (1993) に従い，常時モニター型，リベートあり（もちろん，$R=0$ とすればリベートなしとなる）という前提で，各種ノックアウト（ノックイン）オプションをとりあげる．

〔基本的変数の定義〕

S：原資産価格

K：行使価格

B：バリア価格

R：リベート

r：国内無リスク金利（期間はオプション満期に一致）

d：海外無リスク金利（通貨オプションの場合）または配当率（株価オプションの場合）

σ：原資産価格のボラティリティ

t：満期

〔便宜上用いる変数の表記〕

η：1 または -1 のいずれかをとるダミー変数

ϕ：同上

〔便宜上定義する数式の表記〕

$$x \equiv \frac{\log \frac{S}{K} + (r-d)t + \frac{1}{2}\sigma^2 t}{\sigma\sqrt{t}}, \quad x_1 \equiv \frac{\log \frac{S}{B} + (r-d)t + \frac{1}{2}\sigma^2 t}{\sigma\sqrt{t}}$$

$$y \equiv \frac{\log \frac{B^2}{SK} + (r-d)t + \frac{1}{2}\sigma^2 t}{\sigma\sqrt{t}}, \quad y_1 \equiv \frac{\log \frac{B}{S} + (r-d)t + \frac{1}{2}\sigma^2 t}{\sigma\sqrt{t}}$$

$$z \equiv \frac{\log \frac{B}{S} + \sqrt{\left(\frac{r-d}{\sigma^2} - \frac{1}{2}\right)^2 + \frac{2r}{\sigma^2}} \cdot \sigma^2 t}{\sigma\sqrt{t}}$$

〔基本的関数の定義〕

正規分布の累積密度関数：

$$N(x) \equiv \frac{1}{\sqrt{2\pi}} \int_{-\infty}^{x} e^{-\frac{s^2}{2}} ds$$

$N(x)$ の近似値を得るための公式については，例えば Hull (2000) (pp. 226-227) を参照されたい．

〔価格式を構成する数式〕

$F1 \equiv \phi S e^{-dt} N(\phi x) - \phi K e^{-rt} N(\phi x - \phi \sigma \sqrt{t})$

$F2 \equiv \phi S e^{-dt} N(\phi x_1) - \phi K e^{-rt} N(\phi x_1 - \phi \sigma \sqrt{t})$

$F3 \equiv \phi S e^{-dt} (B/S)^{1+2(r-d)/\sigma^2} N(\eta y) - \phi K e^{-rt} (B/S)^{-1+2(r-d)/\sigma^2} N(\eta y - \eta \sigma \sqrt{t})$

$F4 \equiv \phi S e^{-dt} (B/S)^{1+2(r-d)/\sigma^2} N(\eta y_1) - \phi K e^{-rt} (B/S)^{-1+2(r-d)/\sigma^2} N(\eta y_1 - \eta \sigma \sqrt{t})$

$F5 \equiv R e^{-rt} [N(\eta x_1 - \eta \sigma \sqrt{t}) - (B/S)^{-1+2(r-d)/\sigma^2} N(\eta y_1 - \eta \sigma \sqrt{t})]$

$F6 \equiv R \Big[(B/S)^{\frac{r-d}{\sigma^2} - \frac{1}{2} + \sqrt{\left(\frac{r-d}{\sigma^2} - \frac{1}{2}\right)^2 + \frac{2r}{\sigma^2}}} N(\eta z) + (B/S)^{\frac{r-d}{\sigma^2} - \frac{1}{2} - \sqrt{\left(\frac{r-d}{\sigma^2} - \frac{1}{2}\right)^2 + \frac{2r}{\sigma^2}}}$

$\quad N\left(\eta z - 2\eta \sqrt{\left(\frac{r-d}{\sigma^2} - \frac{1}{2}\right)^2 + \frac{2r}{\sigma^2}}\, \sigma \sqrt{t}\right) \Big]$

〔価格式〕

1. ノックアウト・オプション

（1） コール

● ダウン・アンド・アウト $(S>B)$

$K>B$ のとき，$C = F1 - F3 + F6$，ただし $\{\eta, \phi\} = \{1, 1\}$

$K<B$ のとき，$C = F2 - F4 + F6$，ただし $\{\eta, \phi\} = \{1, 1\}$

● アップ・アンド・アウト $(S<B)$

$K>B$ のとき，$C = F6$，ただし $\{\eta, \phi\} = \{-1, 1\}$

$K<B$ のとき，$C = F1 - F2 + F3 - F4 + F6$，ただし $\{\eta, \phi\} = \{-1, 1\}$

（2） プット
- ダウン・アンド・アウト (S>B)
  K>Bのとき，P=F1−F2+F3−F4+F6，ただし $\{\eta,\phi\}=\{1,-1\}$
  K<Bのとき，P=F6，ただし $\{\eta,\phi\}=\{1,-1\}$
- アップ・アンド・アウト (S<B)
  K>Bのとき，P=F2−F4+F6，ただし $\{\eta,\phi\}=\{-1,-1\}$
  K<Bのとき，P=F1−F3+F6，ただし $\{\eta,\phi\}=\{-1,-1\}$

2．ノックイン・オプション

（1） コール
- ダウン・アンド・イン (S>B)
  K>Bのとき，C=F3+F5，ただし $\{\eta,\phi\}=\{1,1\}$
  K<Bのとき，C=F1−F2+F4+F5，ただし $\{\eta,\phi\}=\{1,1\}$
- アップ・アンド・イン (S<B)
  K>Bのとき，C=F1+F5，ただし $\{\eta,\phi\}=\{-1,1\}$
  K<Bのとき，C=F2−F3+F4+F5，ただし $\{\eta,\phi\}=\{-1,1\}$

（2） プット
- ダウン・アンド・イン (S>B)
  K>Bのとき，P=F2−F3+F4+F5，ただし $\{\eta,\phi\}=\{1,-1\}$
  K<Bのとき，P=F1+F5，ただし $\{\eta,\phi\}=\{1,-1\}$
- アップ・アンド・イン (S<B)
  K>Bのとき，P=F1−F2+F4+F5，ただし $\{\eta,\phi\}=\{-1,-1\}$
  K<Bのとき，P=F3+F5，ただし $\{\eta,\phi\}=\{-1,-1\}$

1.A.3　スタティック・ヘッジ法（Ⅰ）の数学的背景

この補論では，ダウン・アンド・アウト・コールのノックアウト・オプションを例[39]として，1.5.2項でとりあげたスタティック・ヘッジ法（Ⅰ）の数学的背景を解説する．

通常の（現物）ノックアウト・オプションは，原資産価格Sがバリア価格

---

[39] ダウン・アンド・アウト以外のタイプのノックアウト（ノックイン）オプションについても，同様の議論を展開可能である．

(B_s と表記) に到達した時点でノックアウトが発生するという約定になっている. これに対し, ここでははじめに次のようなやや異なった仮想的デリバティブズを考える.

> 「先物価格 F (先物のスタート時点はオプションの満期時点に一致) がバリア価格 (B と表記) に到達した時点でノックアウトが発生するオプション」

先物オプションの基本理論によれば, 先物価格の変動過程は, 配当 (または海外金利) d が無リスク国内金利 r に一致するものとみることにより, 通常の現物価格の変動過程とまったく同様に取り扱うことが可能である[*40] (例えば, Hull (2000) 参照). また, 上記の先物ノックアウト・オプションにおける満期時のペイオフ (ただしそれまでにノックアウトが起こらなかった場合) は, 「先物価格 (=現物価格〈満期時点〉) マイナス行使価格」となり, これは従来の現物ノックアウト・オプションの満期時ペイオフと同一である. したがって, 1.A.1項 (または 1.A.2項) で得た現物ノックアウト・オプション価格式において $d=r$ を代入することにより, 上記先物ノックアウト・オプションの価格式 C_F を得る. 具体的には, 次の通りである.

$$C_F = [Fe^{-rt}N(x) - Ke^{-rt}N(x-\sigma\sqrt{t})] - [Fe^{-rt}(B/F)N(y) - Ke^{-rt}(B/F)^{-1}N(y-\sigma\sqrt{t})]$$
$$= e^{-rt}[FN(x) - KN(x-\sigma\sqrt{t})] - (K/B)e^{-rt}[(B^2/K)N(y) - FN(y-\sigma\sqrt{t})]$$
$$= \underbrace{e^{-rt}[FN(x) - KN(x-\sigma\sqrt{t})]}_{①} - (K/B)\underbrace{e^{-rt}[(B^2/K)N(-z+\sigma\sqrt{t}) - FN(-z)]}_{②}$$

ただし,

$$x \equiv \frac{\log\dfrac{F}{K} + \dfrac{1}{2}\sigma^2 t}{\sigma\sqrt{t}}$$

[*40] 現物原資産価格の確率過程 (ブラック-ショールズ式の対数正規過程) を数式で表現すると $dS = (r-d)Sdt + \sigma Sdz$ (dz はウィーナー・プロセス) となるのに対し, 先物原資産価格の確率過程は $dF = \sigma F dz$ となる.

$$y \equiv \frac{\log \frac{B^2}{FK} + \frac{1}{2}\sigma^2 t}{\sigma\sqrt{t}}$$

$$z \equiv -y + \sigma\sqrt{t} = \frac{\log \frac{FK}{B^2} + \frac{1}{2}\sigma^2 t}{\sigma\sqrt{t}}$$

上式をみると，同商品は，①プレーンバニラ・コール（行使価格 K，満期 t）を1単位ロングに，②プレーンバニラ・プット（行使価格 B^2/K，満期 t）を (K/B) 単位ショートにしたポートフォリオと完全に一致していることがわかる（各々のブラック-ショールズの公式に対応）．換言すれば，バリアが先物価格に課されているタイプのノックアウト（ノックイン）オプションは，複数種類（ここの例では2種類）のプレーンバニラ・オプションのポートフォリオによって完全に複製される．

これに対し，現実の市場で頻繁に取引されている商品は，バリアが先物価格に対してでなく，現物価格に対して課されている．この場合，上例のように有限種類のプレーンバニラ・オプションによって完全な複製を行うことはできないが，場合により近似的な複製が可能である．この点を具体的にみるために，まず，現物・先物価格間の裁定関係を示す．

$$F = Se^{(r-d)t}$$

満期 t が十分に近い場合または国内・海外金利差 $(r-d)$ が十分に小さい場合には，先物価格と現物価格がほぼ同じであると見なされるため，先物ノックアウト（ノックイン）オプションと現物ノックアウト（ノックイン）オプションにおけるバリアの影響も近似的に同じであると考えられる．このため，前述の複製方法は，現物ノックアウト（ノックイン）オプションに対しても高い精度をもつと考えられる．

一方，F と S が離れている場合には，上記価格式 C_F に何らかの修正を加えたうえで複製方法の議論に入るべきである．この修正法として一般にコンセンサスを得ている方法は現状見当たらず，様々な方法が考えられる．以下には一例を簡単に紹介する．

C_F 式中でバリア価格 B の影響が現れているのは，第2項におけるプレーン

バニラ・プットの行使価格 (B^2/K) と同ポジション数 (K/B) である。現物価格に対するバリア価格 B_S は，先物価格に対するバリア価格 $B_S e^{(r-d)t}$ に対応するが，この中の t（ノックアウトが発生する時期）は現時点から満期 T までのいつになるか不確実である．したがって，B の値がレンジ $[B_S, B_S e^{(r-d)T}]$ の中から実現するものと考え，このとき得た B^2/K および K/B の値を用いて複製を行う．レンジの中から値を選ぶには，乱数を用いるのも一法である．

参 考 文 献

コックス，J.・M. ルービンシュタイン，『オプション・マーケット』，HBJ 出版局，1988.

平田昭雄・三浦由紀子・時岡毅実，「有限差分法による特殊オプションのプライシングの問題点とその解決策」，『MPT フォーラム』，1994 年 12 月，pp. 123-137.

森本祐司，「金融と保険の融合について」，『金融研究』，第 19 巻別冊第 1 号，日本銀行金融研究所，2000 年 4 月．

Arnold, L., *Stochastic Differential Equations : Theory and Applications*. Malabar : Krieger Publishing Company, 1992.

Derman, E., D. Ergener and I. Kani, "Forever Hedged." *Risk*, September 1994, pp. 139-145.

Dothan, M., *Prices in Financial Markets*. Oxford University Press, 1990.

Duffie, D., *Dynamic Asset Pricing Theory*, Second Edition, Princeton University Press, 1996.

Geske, R. and K. Shastri, "Valuation by Approximation : A Comparison of Alternative Option Valuation Technique." *Journal of Financial and Quantitative Analysis*, **20**, 1985, pp. 45-71.

Heynen R. C. and H. M. Kat, "Crossing Barriers." *Risk*, June 1994, pp. 46-51.

Hull, J. C., *Options, Futures, and Other Derivative Securities*. Fourth Edition, Prentice-Hall, 2000.

Kat, H. and L. Verdonk, "Tree Surgery." *Risk*, February 1995, pp. 53-56.

Kunitomo, N. and M. Ikeda, "Pricing Options with Curved Boundaries." *Mathematical Finance*, **2**, No. 4, 1992, pp. 275-298.

Nelken, I. (ed.), *The Handbook of Exotic Options : Instruments, Analysis, and Applications*. Irwin Professional Publishing, 1997.

Oksendal, B., *Stochastic Differential Equations: An Introduction with Applications*, Fifth Edition, Springer, 1998.

Rubinstein, M. and E. Reiner, "Breaking Down the Barriers." *Risk*, August 1991, pp. 28-35.

Rubinstein, M, "Seminar in Investments." Lecture Notes, University of California at Berkeley, Haas School of Business, 1993.

Wilmott, P., J. Dewynne and S. Howison, *Option Pricing — Mathematical Models and Computation*. Oxford Financial Press, 1994.

2

イールドカーブ・モデル

　第2章では，第1章に続いてデリバティブズのプライシング方法を中心に解説を行う．第1章がデリバティブズ一般を対象としていたのに対し，本章では，特に金利を原資産とするデリバティブズ（金利デリバティブズ）に焦点を当て，イールドカーブ・モデル（金利の期間構造モデル）を利用してプライシングを行う方法を詳しく説明する．この分野は，金利デリバティブズが実際にマーケットで数多く取引されていることから重要性が高いというだけでなく，純粋に数理ファイナンスの研究領域としても高い関心を集めてきた．そのため，これまでに多数のイールドカーブ・モデルが提案・研究されている．第2章の目的意識は第1章と同様であり，すべてのイールドカーブ・モデルを網羅的に整理しようとはしないで，特定のモデルを詳細に検討する中で，一般化可能な方法論を導出することを狙いとする[*1]．これにより，イールドカーブ・モデルを実務で活用する上で必要な知識を効果的に習得可能であると考える．

　第2章の構成は次の通りである．まず2.1節でイールドカーブ・モデルにかかわる総論的な予備知識を解説した後，2.2節では，実務でしばしば活用される1ファクター・モデルの典型例として，ハル-ホワイト・モデルを詳説する．このモデルの拡張版は，他の1ファクター・モデルを特殊形として包含する比較的一般化されたモデルであることから，それをしっかり理解することは有益であるといえる．次に，2.3節と2.4節ではそれぞれ，イールドカーブ・モデルを実務で扱う上で鍵となるキャリブレーション（金融商品の市場価格と整合的にモデルのパラメータを決定すること）の具体的手法を丁寧に解説する．す

[*1] こうした本章の内容を補完する上では，イールドカーブ・モデルや金利デリバティブズの数学的基礎について丁寧に解説した専門書が役立つであろう．興味ある読者は，例えば，Jarrow (1996)，Musiela and Rutkowski (1997)，木島 (1999) などを参照されたい．

なわち，2.3節では，離散時点モデル（ハル-ホワイト・モデル）に適用可能な三項格子法について具体的な手順を解説し，2.4節では，連続時点モデル（ヒース-ジャロー-モートン・モデル（HJMモデル））に関して市場にインプライされたボラティリティ関数を推定する方法を説明する．これらの具体例を通じて，キャリブレーションの重要性と難しさが示されることになろう．なお，章末の補論では，二項格子法を利用した比較的扱いやすいモデルの一例として，ブラック-ダーマン-トーイ・モデル（BDTモデル）に関する具体的な解説と計算例を示した．

2.1 イールドカーブ・モデルによる金利デリバティブズのプライシング

2.1.1 金利デリバティブズとイールドカーブ・モデル

　イールドカーブ・モデルとは，一般に金利の期間構造に関する様々なモデルを意味するが，本章で扱うのはその中でも金利を原資産とするデリバティブズ（金利デリバティブズ）をプライシングするためのイールドカーブ・モデルである[*2)]．それらは，将来の金利がどのような確率過程に従って発展していくかをモデル化するものである．第1章で，金利に限らず，一般の原資産 S の確率過程を記述するモデルを

$$dS = \mu(S,t)Sdt + \sigma(S,t)Sdz \qquad (2.1)$$

と表して，デリバティブズのプライシング方法を議論した．本章では，ここの S が特に金利（$r(t)$ と表記しよう）の場合を扱うわけである．では，なぜ金利を原資産とするデリバティブズを評価する場合だけ，特にイールドカーブ・モデルと称して，注意した扱いが必要になるのだろうか．主要な理由をあげると次の通りである．

- 金利には期間構造があること（すなわち，期日の違う金利が互いに関連性をもって確率的挙動をしている）．
- 金利のボラティリティにも期間構造がありうること（一般に，短期金利の

[*2)] 金利デリバティブズのプライシングのためのイールドカーブ・モデルのほかに金融実務でしばしば利用されるのは，市場で観測される有限個数の金利データを内・外挿することによって連続的なゼロ・レートのイールドカーブを作成するためのモデルである．スプライン関数を利用する方法やパラメトリックな関数形を仮定する方法など，各種のバリエーションがある．

ボラティリティは長期金利のそれより大きいことが知られている）．
- 金利は平均回帰性をもつという意味で，ドリフト項が金利自身の関数になること．
- 金利は，金利派生商品の原資産であると同時に，一般の金融商品の現在価値を算出するための割引率を決める役割も担うこと．

これらの問題に対応するには，ある特定の期間の金利が単独で確率的挙動をすると考えるのではなく，金利の期間構造全体が確率的挙動をすると考えるモデル，すなわちイールドカーブ・モデルが必要となる．

2.1.2 イールドカーブ・モデルかブラック-ショールズ・モデルか

金利デリバティブズについては，第1章でみた比較的シンプルなモデル（典型的には，ブラック-ショールズ・モデル）の代わりに，より複雑なイールドカーブ・モデルを利用することが望ましいと述べた．これは，少なくとも理論上は間違いのない事実であるし，実務上でもイールドカーブ・モデルの利用例は少なくない．ただ，注意しておきたいのは，必ずしもすべての金利デリバティブズがイールドカーブ・モデルによってプライシングされているわけではない点である．総じてみれば，比較的単純なプレーン型の金利デリバティブズに対しては，いわば便宜的にブラック-ショールズ型などのシンプルなモデルを利用するのが市場慣行となっている．市場慣行という意味は，大多数の市場参加者が揃って同じモデルを利用しているため，結局そのモデルに依拠して取引を行うのが合理的な状況になっているということである．

こうしたプレーンな金利デリバティブズに対して頻繁に利用されるプライシング・モデルを簡単に整理しておくと次の通りである．まず，オプション性のない債券先物，金利先物や金利スワップなどについては金利先渡(forward rate agreement, FRA)の評価で用いられるディスカウント方式[*3)]が通常採用されている．一方，債券オプションなどの現物オプションには，ブラック-ショールズ・モデル(Black and Scholes (1973))が採用される．また，債券先物オプション，

[*3)] ディスカウント方式とは，ゼロ・イールドカーブを作成してインプライド・フォワード・イールドを計算し，そこから個々の金融商品のインプライド・キャッシュフローを算出して現在価値にディスカウントする方法である（現物債券の評価で用いられているディスカウントの評価と同様である）．

金利先物オプション，金利スワップション，キャップ，フロアなどの先物オプション商品に対しては，ブラック-ショールズ・モデルの先物版ともいえるブラック・モデル*4)(Black (1976))が適用される．ブラック-ショールズ・モデルでもブラック・モデルでも，期間中の割引率およびボラティリティを一定と考えるなどの強い仮定が置かれているため，理論上の限界があるのは事実であるが，それにもかかわらず，プレーン商品に対してこのモデルを採用するのが市場慣行となっている理由は主として次の2点である．

- 市場で既に標準モデルであると認知されていることから，ブラック-ショールズ・モデル（ないしブラック・モデル）のインプライド・ボラティリティを使って市場価格をクォートする場合が多い．また，このボラティリティは，将来の価格変動を反映する指標としても浸透している．
- モデルに解析解が存在することから，価格や各種リスク指標（デルタ値，ガンマ値，ベガ値など）の計算を高速で実行可能である．このため，多数の取引やポートフォリオ全体のポジション管理が容易になる．

一方，非プレーン型の金利デリバティブズについては，シンプルなブラック-ショールズ・モデルの限界が深刻になってくるため，イールドカーブ・モデルを用いるケースが増える傾向にある．さらに，バミューダ・オプションや経路依存型のエギゾティック・デリバティブズなど扱いがより複雑な商品について

---

*4) ブラック・モデルは，ブラック-ショールズ・モデルを拡張して，先物オプションのプライシングのために開発された．ブラック-ショールズ・モデルの原資産が現物商品であるのに対し，ブラック・モデルの原資産は先物・先渡商品であり，このため原資産価格の期待収益率がゼロとなる．この点がブラック-ショールズ・モデルとブラック・モデルの相違点である．参考までに，ブラック-ショールズ・モデル (BS Call) とブラック・モデル (Black Call) でそれぞれコール・オプション価格を評価した式を示しておく．

$$\text{BS Call} = SN(d_1) - Ke^{-rT}N(d_2)$$

$$d_1 = \frac{\log(S/K) + (r + \sigma^2/2)T}{\sigma\sqrt{T}} \qquad d_2 = \frac{\log(S/K) + (r - \sigma^2/2)T}{\sigma\sqrt{T}}$$

$$\text{Black Call} = e^{-rT}[FN(d_1) - KN(d_2)]$$

$$d_1 = \frac{\log(F/K) + \sigma^2 T/2}{\sigma\sqrt{T}} \qquad d_2 = \frac{\log(F/K) - \sigma^2 T/2}{\sigma\sqrt{T}}$$

ただし，$N(\cdot)$ は標準正規分布の分布関数，S は原資産価格（現物商品），F は原資産価格（先物ないし先渡商品），K は行使価格，T はオプション満期までの期間，r はオプション満期までの無リスク金利，σ は原資産価格のボラティリティをそれぞれ表す．

は，イールドカーブ・モデルを利用することなくプライシングを行うのが困難な状況にある．したがって，本章で扱うイールドカーブ・モデルの応用分野は，主としてこうした非プレーン型の金利デリバティブズであることを念頭に置いておこう．

なお，これまでのところ，同じ金融機関の中で種類の異なる金利デリバティブズに対して同一の汎用的なイールドカーブ・モデルを適用する例はほとんどみられず，むしろ，評価すべき金融商品の性質に応じて異なるイールドカーブ・モデルを選択・適用する例が多いようである．これは，汎用モデルの採用にともないポートフォリオ全体で整合的なポジション管理が実現するという潜在的なメリットを犠牲にしても，個別のケースごとに最適なイールドカーブ・モデルを選択するメリットの方が大きいからであろう（イールドカーブ・モデルの選択に際しての考え方は2.1.3項で述べる）．

2.1.3　各種のイールドカーブ・モデル

2.2節以降で具体的なイールドカーブ・モデルの解説を行うための事前準備として，ここでは，各種のイールドカーブ・モデルのバリエーションについて簡単に説明しておこう．まず，将来時点 t における金利 $r(t)$ が従う確率過程として，次式を考える．

$$dr(t) = \mu(r(t), t)\,dt + \sigma(r(t), t)\,dz(t) \tag{2.2}$$

ここで，$\mu(r(t), t)$ は単位時間当たりの金利の期待変化幅を表すドリフト関数である．また，$\sigma(r(t), t)$ はボラティリティ関数で，標準正規過程（ウィナー過程）を表す $dz(t)$ の係数となっている．(2.2) 式では，$\mu(r(t), t)$ と $\sigma(r(t), t)$ は一般的な関数として表記されているが，これらに特定の関数形を当てはめることによって，各種のイールドカーブ・モデルを定義できる．

具体的なイールドカーブ・モデルの形は多種多様であり，それぞれのモデルが長所・短所をもっている．ここでは網羅的なモデルの詳説はしないが，なぜモデルにバラエティーがあるかを理解するために，各種イールドカーブ・モデルを3通りの視点から分類してみよう．

a．原資産金利の種類による分類

イールドカーブ・モデルが記述対象とする金利（(2.2) 式における $r(t)$）

としてどのような金利を想定するかにより,スポットレート・モデル,フォワードレート・モデル,マーケットレート・モデルに分類可能である.

スポットレート・モデルとは,(期間無限小の)短期金利の確率過程を表すモデルであり,扱いの容易さもあって最も広く浸透しているカテゴリーといえる.例をあげると,次の通りである.

- バシチェック・モデル (Vasicek model)[*5]:ドリフト関数として一定の平均回帰金利および回帰速度をもつフォームを採用し,ボラティリティ関数は一定値とするモデル.
- ハル-ホワイト・モデル (Hull-White model, 2.2節で詳述):ドリフト関数として時間可変型の平均回帰金利および一定の回帰速度をもつフォームを採用し,ボラティリティ関数は一定値とするモデル.
- コックス-インガソル-ロス・モデル (Cox-Ingersoll-Ross model, 通称 CIR モデル)[*6]:ドリフト関数として一定の平均回帰金利および回帰速度をもつフォームを採用し,ボラティリティ関数は金利の平方根に比例する関数としたモデル.
- ブラック-ダーマン-トーイ・モデル (Black-Derman-Toy model, 通称 BDT モデル)[*7]およびブラック-カラシンスキ・モデル (Black-Karasinski model):ともに,通常は二項格子法によって計算されるモデル.連続時点型のモデル表現については,2.2節でハル-ホワイト・モデルと比較しつつ言及する.なお,BDT モデルについては,2.A節の補論で,モデルの枠組みと計算例を解説したので参照されたい.

これらに対し,フォワードレート・モデルとは,$r(t)$ として(期間無限小の)短期フォワードレートを考え,この確率過程を表すモデルである.プライシング上の扱いはやや難しくなるが,金利の期間構造を表現する上での柔軟性に富んでいることから,特に理論研究面で注目されることが多い.代表的には,ヒース-ジャロー-モートン・モデル (Heath-Jarrow-Morton model, 通称 HJM モデル)[*8]をあげることができる.HJM モデルについては,主としてキ

[*5] モデルの詳細は,Vasicek (1977) を参照.
[*6] モデルの詳細は,Cox, Ross and Ingersoll (1985) を参照.
[*7] モデルの詳細は,Black, Derman and Toy (1990) を参照.
[*8] モデルの詳細は,Heath, Jarrow and Morton (1992) などを参照.

ャリブレーションの観点から，2.4 節で解説する．

マーケットレート・モデルとは，$r(t)$ として期間無限小の金利といった仮想金利を想定するのではなく，実際にマーケットで取引されている金利を対象としてその確率過程を表すモデルである．代表的には，インターバンク金利である LIBOR を表現するブレース-ガタレック-ムジエラ・モデル[*9]（Brace-Gatarek-Musiela model, 通称 BGM モデル）をあげることができる．

b. リスクファクター数による分類

イールドカーブ・モデルは，金利変動をもたらすリスクファクター（ここでは $dz(t)$）の数に応じて分類することもできる．先の (2.2) 式のような場合，金利変動の確率的な要素がただ 1 つの $dz(t)$ によって与えられていることから，シングルファクター・モデルと呼ばれる．一方，$dz_1(t)$, $dz_2(t)$, …というように，複数個のリスクファクターを含んだモデルはマルチファクター・モデルと呼ばれる．前述のスポットレート・モデルの例としてあげたバシチェック・モデル，ハル-ホワイト・モデル，コックス-インガソル-ロス・モデル，ブラック-ダーマン-トーイ・モデル，ブラック-カラシンスキ・モデルは，いずれもシングルファクター・モデルとして使われる場合が多い[*10]．これらは，キャリブレーションなどの扱いが容易であるため，市場での浸透度が相対的に高い．一方，マルチファクター・モデルは，実務の扱いが難しいものの，イールドカーブの動きをより柔軟に説明できるというメリットがある．代表的なモデルとしては，短期金利と長期金利の 2 種類を説明するために 2 個のリスクファクターを組み込んだブレナン-シュワルツ・モデル（Brennan-Schwartz model）や，短期・長期金利という区別を明示しないものの期間構造への対応を想定して 2 個のリスクファクターを組み込んだロングスタッフ-シュワルツ・モデル（Longstaff-Schwartz model）などが知られている．これらは，いずれもスポットレート・モデルである．一方でフォワードレート・モデルの代表格である HJM モデルについては，十分な説明力を得るために，シングルファクターではなく，マルチファクター・モデルとして定式化する例が少なくない．

[*9] モデルの詳細は，Brace, Gatarek and Musiela (1997) を参照．
[*10] これらのモデルは，シングルファクター・モデルとして使われる場合が多いが，まれに，複数個のリスクファクターをとり入れた拡張版のモデルもみられる．

郵便はがき

恐縮ですが切手を貼付して下さい

1 6 2 - 8 7 0 7

東京都新宿区（牛込局区内）
新小川町 6 −29

朝 倉 書 店

愛読者カード係 行

本書をご購入ありがとうございます。今後の出版企画・編集案内などに活用させていただきますので，本書のご感想また小社出版物へのご意見などご記入下さい。

フリガナ
名前　　　　　　　　　　　　　男・女　　年齢　　　歳

〒　　　　　　　電話
自宅

e-mailアドレス

勤務先　　　　　　　　　　　　　　　　（所属部署・学部）
学校名

ご所在地

所属の学会・協会名

ご購読　・朝日　・毎日　・読売　　　ご購読（　　　　　　）
新聞　・日経　・その他（　　）　　　雑誌

書名	ファイナンス・ライブラリー 1 金融デリバティブズ

本書を何によりお知りになりましたか

1. 広告をみて（新聞・雑誌名
2. 弊社のご案内
   （●図書目録●内容見本●宣伝はがき●E-mail●インターネット●
3. 書評・紹介記事（
4. 知人の紹介
5. 書店でみて

お買い求めの書店名（　　　　　　　　　市・区　　　　　　　書店
　　　　　　　　　　　　　　　　　　　　町・村

本書についてのご意見

今後希望される企画・出版テーマについて

図書目録，案内等の送付を希望されますか？　　　　　　・要　・不
　　　　　・図書目録を希望する

ご送付先　・ご自宅　・勤務先

E-mailでの新刊ご案内を希望されますか？
　　　　　・希望する　・希望しない　・登録済み

ご協力ありがとうござい

c. パラメータ推定法の違いに応じた分類

イールドカーブ・モデルは，実務で利用する際のパラメータ推定法（トレンド関数 $\mu(r(t),t)$ やボラティリティ関数 $\sigma(r(t),t)$ の中に含まれるパラメータを決める方法）の違いによって，無裁定モデルと均衡モデルの2種類に分類することができる．

無裁定モデルは，「リスクをとることなく利益は得られない」という無裁定条件を満足するように，市場で観測できる各種金融商品の価格情報からモデルのパラメータを決定し（キャリブレーション），それに基づき価格付けすべき金融商品を評価するタイプのモデルである．例としては，ハル-ホワイト・モデル，ブラック-ダーマン-トイ・モデル，ブラック-カラシンスキ・モデルなどをあげられる．

一方，均衡モデルは，市場参加者のリスク選好度に関する情報としてリスクの市場価格[*11]を推定した上で，それに基づきリスク中立確率を定義して価格付けを行うタイプのモデルである．代表例として，バシチェック・モデルやコックス-インガソル-ロス・モデルをあげられる．

金利デリバティブズのプライシング実務では，均衡モデルが利用されるケースは少なく，多くの場合何らかの無裁定モデルが利用されているようである．これは，無裁定条件を厳密に保証すること（正確なキャリブレーションを行うこと）が実務上不可欠であるとの要請によると考えられる．

各種イールドカーブ・モデルについて3通りの分類を示してきたが，各カテゴリーの中でもトレンド関数およびボラティリティ関数の定式化の方法は無数にありうることから，モデル全体のバリエーションも当然無数にありうる．ただ，どのように定式化をしてもよいというわけではなく，① 実際のイールドカーブの動きに対して説明力が高いことと，② パラメータの推定（キャリブレーション）が比較的容易で，かつ，デリバティブズ価格の計算も容易であること（たとえば，プレーン取引に対して解析解が存在すること）などが望ましい条件である．①の条件は，パラメータの自由度が大きくモデルが複雑化す

[*11] 金融商品の期待収益率から無リスク金利を控除した期待超過収益率を，同金融商品の収益率ボラティリティで除して規格化した比率．無裁定条件下では，同一のリスクファクターに依存するあらゆる金融商品について，この比率が一致する（証明は，標準的な教科書に示されている）ことが容易に示される．

る傾向を与え，②の条件は逆に自由度が小さく単純なモデルを志向させることになる．こうしたトレードオフの中で，各種の実用的なモデルが提唱されており，金融機関の実務家は利用目的にあったモデルを選択し，必要に応じて修正を加えながら利用しているのである．

2.1.4 プライシング方法

次に，イールドカーブ・モデルを利用して，どのように金利デリバティブズをプライシングするのか，一般的な方法論を示しておこう．ここでは，1.4.1項で解説したプライシングの3つのステップ（下記①〜③）がそのまま当てはまる．

① 原資産価格の確率過程を記述するプライシング・モデルの選択・設定．
② 設定した上記モデルに入力すべきパラメータの推定（キャリブレーション）．
③ デリバティブズ価格式についての方程式の解を算出するための計算手法の選択と計算の実行．

まず①は，2.1.3項で紹介した各種のイールドカーブ・モデルの選択問題である．既に説明したように，利用目的に応じて，モデルの各種特性を比較した上，最適なモデルを選択することになる．

次に，②のキャリブレーションの方法は，イールドカーブ・モデルを実務的に利用する上で最も重要な要素の1つである．キャリブレーションという作業の本質は，評価時点で各種金融取引（含，デリバティブズ）についている市場価格をこのモデルがほぼ完全に再現できるように，モデルの各種パラメータを決定する作業である．直観的にいえば，観測できる市場価格情報を基に，それらと整合的なパラメータを決めることになる．なぜこの作業が重要であるかというと，仮にこうした整合性が崩れていたとすれば，何らかの金融商品についてモデルから導かれる価格と市場価格に乖離が生じていることになり，モデルに依拠して収益評価を行う主体はリスクをとることなく容易に利益をあげられることになる．そうした無裁定条件が満たされない世界を受け入れることは実務上困難であるため，正確かつ効率的なキャリブレーションの技術が極めて重要となる．以下，本章を読み進む上では，この点を常に意識していただきた

い．2.3節で解説する三項格子法を用いたアロー‒デブリュー証券価格の導出は，実は，ハル‒ホワイト・モデルに対してキャリブレーションを行っていることに相当する．また，2.4節で紹介するHJMモデルのボラティリティ関数推定のインプライド・アプローチも，キャリブレーションの一例である．

最後に，③は，モデルの問題というより，デリバティブズ取引に共通する解析解の計算問題，ないし解析解がない場合に効率的な数値計算を実行する技術的な問題である．この点については，第1章でプライシングの方法論として解説した．基本的な内容を振り返ると，デリバティブズ価格PVが満たすべき偏微分方程式（PDE），

$$\frac{\partial PV}{\partial t} + rS\frac{\partial PV}{\partial S} + \frac{1}{2}\sigma^2 S^2 \frac{\partial^2 PV}{\partial S^2} = rPV \tag{2.3}$$

を，当該デリバティブズのペイオフ関数を（満期における）境界条件として解くことが本質であった．この計算は，見方を変えればリスク中立確率下で将来のキャッシュフロー（境界条件に相当）の割引現在価値の期待値を算出する問題ともいえた．すなわち，

$$PV(0) = E[e^{-\int_0^T r(t)dt} \times \mathrm{CashFlow}(T)] \tag{2.4}$$

という計算を行えば，時点0におけるデリバティブズ価格$PV(0)$が求められた．イールドカーブ・モデルを適用する場合，上式に現れた金利$r(t)$は，イールドカーブ・モデルによって与えられる将来時点tのスポットレート（確率変数）である．したがって，左辺のリスク中立期待値を計算する上では，イールドカーブ・モデルを含んだ積分計算および期待値計算を行う必要がある．このため，計算が複雑になりがちであり，ペイオフが複雑なデリバティブズを評価対象とする場合には，解析解が存在しない場合も多い．したがって，左辺をいかに効率的な数値計算によって処理するかが重要である．この点のイメージも，後程解説するハル‒ホワイト・モデルの三項格子法などでつかんでいただきたい．

2.2 ハル-ホワイト・モデル

本節では，2.1.3項で紹介した各種イールドカーブ・モデルの中から，市場実務で利用されているケースが比較的多いと考えられ，かつイールドカーブ・モデル関連の諸問題を理解する上で好都合の内容を備えているハル-ホワイト・モデルについて解説する．本書で詳しくとりあげるイールドカーブ・モデルは，これと補論の BDT モデルだけであるが，その他のモデルの扱いを考える上でも，本章での議論を一般化して当てはめられるケースが少なくない．

ハル-ホワイト・モデルにはいくつかの拡張版がある．以下では，これらを「基本ハル-ホワイト・モデル」，「拡張ハル-ホワイト・モデル（I）」，「拡張ハル-ホワイト・モデル（II）」の3つに分類したうえ，順に紹介する．

一般に，イールドカーブ・モデルの構造をとらえるには，離散時点型，連続時点型の2通りの金利変動過程を考えることが可能である．前者は，数値計算などによってモデルを実用化するのに適している一方，後者は，理論的・解析的にモデルを取り扱うのに適している．そこで，まず本節では連続時点型の世界でハル-ホワイト・モデルの構造を説明する．次に2.3節でハル-ホワイト・モデルに対する三項格子法の適用を議論する際には，離散時点型の世界へ転ずることにする．

2.2.1 基本ハル-ホワイト・モデル

ハル-ホワイト・モデルの議論に入る前に，マルコフ性[*12]を有する拡散過程によって短期金利 r（以下，明記しなくても r は時間 t の関数 $r(t)$ と考える）の変動を記述するイールドカーブ・モデル（シングルファクター・モデル）の一般的な形式を再掲しよう．

[*12] マルコフ過程とは，「任意の時点における確率変数の確率分布が，その時点の変数の値のみに依存し，過去の履歴には依存しないという性質を満足する確率過程」をいう．

　各種イールドカーブ・モデルの中で，マルコフ過程を前提としないモデルの代表例としては HJM モデルをあげられるが，他の著名なモデルのほとんどは，マルコフ過程を前提としたものである．この背景として，マルコフ過程を仮定すると，モデル計算上の取扱いが容易になることを指摘可能である．

2.2 ハル-ホワイト・モデル

$$dr = \mu(r,t)\,dt + \sigma(r,t)\,dz(t) \tag{2.5}$$

右辺第1項は，短期金利の変動トレンドを記述するドリフト項，第2項は，短期金利の変動がトレンドの回りにどのような不確実性をもっているか確率的に説明するランダム項である．第2項の $dz(t)$ はウィナー過程と呼ばれる確率過程であり，$dz(t) = \sqrt{t} \cdot \varepsilon(t)$（$\varepsilon(t)$ は異なる t について互いに独立な標準正規分布）と表すことができる．

「基本ハル-ホワイト・モデル」は，上式における関数 $\mu(r,t)$，$\sigma(r,t)$ に次のような特定の形式を与えたモデルである．

$$dr = [\theta(t) - ar]\,dt + \sigma\,dz(t) \tag{2.6}$$

ここでの特徴としては，

① ドリフト項に短期金利の平均回帰性が入っていること（平均回帰レートは $\theta(t)/a$ となっており，時間に依存する一方，回帰の調整速度は a で一定），

② 確率過程が正規過程（ランダム項が r に依存しない）であること，

③ 短期金利の変動幅についてのボラティリティ[*13]σ が時間に依存せず一定であること，

を指摘できる．

前述の通り，基本ハル-ホワイト・モデル（および2.2.2項以降の拡張版モデル）は無裁定モデルとしての性質を備えている．具体的には，2.3節で説明する三項格子法を用いて，無裁定条件（リスクをとらずに利益を稼ぐ機会が存在しないという条件）が満足されるように現時点のスポット・レートの期間構造からパラメータ関数 $\theta(t)$ を決定する[*14]ことにより，自動的にリスク中立

[*13] これを「ローカル・ボラティリティ」と呼ぶ場合がある．ローカル・ボラティリティを有限期間のスポット・レート（ゼロ・イールド）のボラティリティと区別することは重要である．
　なお，有限期間のスポット・レートのボラティリティは，通常，当該金利の変化率のボラティリティとして定義される．一方，無限小期間の短期金利におけるローカル・ボラティリティは，金利変動幅のボラティリティとして定義される場合（例えば，基本ハル-ホワイトモデル〈(2.6)式〉）と，同変化率のボラティリティとして定義される場合（例えば，ブラック-ショールズ・モデル〈$dr/r = \mu dt + \sigma dz(t)$ または $d\log r = (\mu - 1/2 \cdot \sigma^2)dt + \sigma dz(t)$〉）との2通りがあるので，これを混同しないように注意を要する．

[*14] $\theta(t)$ を決定するには，実務上は2.3.2項で示すように三項格子法を利用する場合が多いが，理論上は，連続時点型モデルに無裁定条件を適用することにより次式の解析解が得られることもわかっている．↗

的な世界での確率過程を考えていることとなる．したがって，一般均衡モデルを取り扱う場合に問題となる「リスクの市場価格」（いわゆる λ 値）の推定は不要となり，この点で実用化が容易である．このような事情から，2.2 節では以下，すべての確率過程をリスク中立的な世界で考えていると仮定して話を進める[*15]．

さて，上記の基本ハル-ホワイト・モデルに基づいて割引債の価格 $P(t,T)$（満期 T の割引債の時点 t における価格）を算出することを考えてみよう．この場合，発生するキャッシュフローは，満期時点 T における単位金額（1円）であると確定しているから，これを基本ハル-ホワイト・モデル（リスク中立）が与える金利によって割り引いた金額の期待値が $P(t,T)$ となる．これを解析的に計算すると，次の結果を得る．

$$P(t,T) = A(t,T) e^{-B(t,T)} \qquad (2.7)$$

ただし

$$B(t,T) \equiv \frac{1-e^{-a(T-t)}}{a}$$

$$\log A(t,T) \equiv \log \frac{P(0,T)}{P(0,t)} - B(t,T) \frac{\partial \log P(0,t)}{\partial t} - \frac{1}{4a^3} \sigma^2 (e^{-aT} - e^{-aT})^2 (e^{2at}-1)$$

この解の形をみると，不確実性のない世界での通常の割引債価格式 $e^{-(T-t)r}$ において，元本を 1 から $A(t,T)$ に，満期までの期間を $(T-t)$ から $B(t,T)$ に置き換えた式に相当している．これは，将来の金利の不確実性を考慮したモデルによりプライシングを行った結果である．

また，割引債（債券満期 s）に対するヨーロピアン・オプション（オプション満期 T，行使価格 X）の時点 t における価格式を解析的に求めることも可能である．この場合，時点 T で発生するキャッシュフローは，コール・オプ

↗ $\qquad \theta(t) = \frac{\partial}{\partial t} F(0,t) + aF(0,t) + \frac{\sigma^2}{2a}(1-e^{-2at})$

ただし，$F(0,t)$ は，時点 0 で観測される時点 t スタートの瞬間的（期間を無限小とした極限値）フォワード・レートを表す．

[*15] このようにリスク中立確率を用いてデリバティブズのプライシングを行う方法は，1.4.1 項 b で解説した通りである．すなわち，キャッシュフローの割引現在価値の期待値が当該デリバティブズの時価と一致する．

ションであれば Max$[P(T,s)-X,0]$,プット・オプションであれば Max$[X-P(T,s),0]$ である(ただし $P(T,s)$ は上述の関数).したがって,この割引期待値を算出することにより,コール・オプション価格 $c(t,T,s,X)$ およびプット・オプション価格 $p(t,T,s,X)$ を得る.これを解析的に計算すると,次の結果を得る.

$$c(t,T,s,X) = P(t,s)N(h) - XP(t,T)N(h-\sigma_P) \quad (2.8)$$

$$p(t,T,s,X) = XP(t,T)N(-h+\sigma_P) - P(t,s)N(-h) \quad (2.9)$$

ただし

$$h \equiv \frac{1}{\sigma_P}\log\frac{P(t,s)}{P(t,T)X} + \frac{\sigma_P}{2}$$

$$\sigma_P \equiv v(t,T)B(T,s)$$

$$v(t,T)^2 \equiv \frac{\sigma^2(1-e^{-2a(T-t)})}{2a}$$

$N(\cdot)$ は累積標準正規分布関数

なお,この解の形は,通常のブラック-ショールズの公式において,原資産の時価を $P(t,s)$,オプション満期までのディスカウント・ファクターを $P(t,T)$,原資産のボラティリティを $\sigma_P/\sqrt{T}$ で置き換えた式に相当している.

さらに,時点 t におけるスポット・レート(満期 T)および割引債価格(満期 T)のボラティリティ(各々 $\sigma_{R(T)}$, $\sigma_{P(T)}$ と表記することとする)の理論値を算出することも可能である.これらはそれぞれ,

$$\sigma_{R(T)} = \frac{\sigma}{a(T-t)}[1-e^{-a(T-t)}] \quad (2.10)$$

$$\sigma_{P(T)} = \frac{\sigma}{a}[1-e^{-a(T-t)}] \quad (2.11)$$

となることが示される[*16].これらのボラティリティは,期間 $(T-t)$ に依存する関数となっている点で期間構造をもつといえる(例えば (2.10) 式を図示すると図2.1のようになる)が,期間構造を決めるパラメータは2つ(σ と

[*16] 証明は,Hull and White (1990 b) の Appendix を参照.

$a)$ だけである. したがって, 基本ハル-ホワイト・モデルでは, 市場で観測されるスポット・レートのボラティリティの期間構造とモデル上の理論値とを完全に合致させるには至らないものの, 他のよりシンプルなモデル（例えばホー-リー・モデル〈Ho-Lee model〉など）でボラティリティが一定とされる仮定を緩めた形となっている.

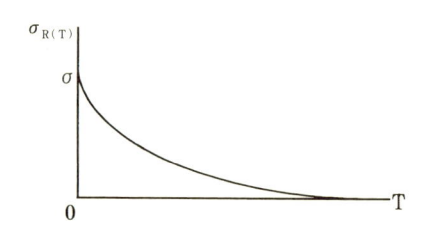

図2.1 基本ハル-ホワイト・モデルにおけるスポットレートのボラティリティの期間構造（概念図）

2.2.2 拡張ハル-ホワイト・モデル（Ⅰ）

次に, 基本ハル-ホワイト・モデルにおける正規過程の条件を緩めるために, ボラティリティを $\sigma(r)$ という形で金利 r に依存する一般化された関数[*17]に置き換えることとする. 実務上は, 特に $\sigma(r)=\sigma r^\beta$ という関数を考える場合が多い. この形式をとり入れ, 次式に従うとするモデルは, 実務界で「拡張ハル-ホワイト・モデル」と呼ばれる（本章では, これを「拡張ハル-ホワイト・モデル（Ⅰ）」と呼び, 一段と拡張を進めた2.2.3項の「拡張ハル-ホワイト・モデル（Ⅱ）」と区別する）.

$$dr = [\theta(t) - ar]dt + \sigma r^\beta dz(t) \tag{2.12}$$

このように, ランダム項の性質を正規過程（$\beta=0$）以外に拡張することにより, ①金利が負となる可能性を排除することができる（$\beta>0$のケース）ほか, ②過去の金利時系列データに適合した確率過程を与えるための自由度を確保できる.

しかし, 2.3節で解説する三項格子法によってモデルを実用化する場合に

[*17] 理論上は, ボラティリティが r に依存するだけでなく, 時間 t にも依存する形で $\sigma(r,t)$ と一般化することも可能である. 本章では, 簡単のため, $\sigma(r)$ として考える.

は，ボラティリティがrに依存しない定数であると扱いやすい．このためには，短期金利rを下式により$x(r)$に変換し，rの確率過程を格子化する代わりに$x(r)$の確率過程を格子化すると都合がよい．この変換により，一般的なボラティリティ関数$\sigma(r)$をもつrの確率過程を，定数$\sigma(r_0)$（ただしr_0は時点0における短期金利）をボラティリティとする$x(r)$の確率過程に置き換えて論ずることが可能になる．具体的な変換式は，

$$x(r) = \sigma(r_0) \int_{r_0}^{r} \frac{ds}{\sigma(s)} \tag{2.13}$$

である．このとき，xの変動は次のような確率過程に従うこととなる[*18]．

$$\begin{aligned} dx &= [(\theta(t) - ar)u(r) + w(r)]dt + \sigma(r_0)dz(t) \\ u(r) &\equiv \frac{\sigma(r_0)}{\sigma(r)} \\ w(r) &\equiv -\frac{\sigma(r_0)}{2} \cdot \frac{\partial \sigma(r)}{\partial r} \end{aligned} \tag{2.14}$$

ここでボラティリティ$\sigma(r_0)$が定数であることに注意すると，xの三項格子を生成するには，基本ハル-ホワイト・モデルに従うrの三項格子を生成するのとまったく同じ方法を適用できることがわかる．三項格子が完成し，将来のxの動きがわかれば，そのxをrに逆変換することによって，最終的にrの確率過程を得る．

2.2.3 拡張ハル-ホワイト・モデル（II）

次に，ここまでに考えてきたハル-ホワイト・モデルにおけるパラメータa（金利の平均回帰の調整速度を表す．ここまでは，定数としてきた）を時間に依存する関数（$\phi(t)$とする）に拡張する．次式によって表されるこのモデルを「拡張ハル-ホワイト・モデル（II）」と呼ぶこととする．

$$dr = [\theta(t) - \phi(t)r]dt + \sigma r^\beta dz(t) \tag{2.15}$$

[*18)] xはrの関数であるから，伊藤の補題を利用してrの確率過程からxの確率過程を容易に算出できる．

平均回帰の調整速度を表すパラメータは，基本ハル-ホワイト・モデルの説明で述べたように，スポット・レートのボラティリティの期間構造を定める機能をもつ．したがって，このパラメータを定数 a から時間の関数 $\phi(t)$ に変えて自由度を広げることにより，モデル上のボラティリティの期間構造を市場で観測される任意のボラティリティの期間構造に適合させることが可能となる．

なお，拡張ハル-ホワイト・モデル（Ⅰ）の解説で示した一般化ボラティリティを定数ボラティリティに変換する手法は，この拡張ハル-ホワイト・モデル（Ⅱ）においても同様に適用できる．また，基本ハル-ホワイト・モデルの解説において導出した割引債価格および同ヨーロピアン・オプション価格の解析解については，拡張ハル-ホワイト・モデル（Ⅰ）および（Ⅱ）において $\beta=0$（正規過程）の場合に限り適用できる．

本モデルは，以下のバシチェック（Vasicek）モデル，ホー-リー（Ho-Lee）モデル，コックス-インガソル-ロス（Cox-Ingersoll-Ross）モデル（通称 CIR モデル）などを包摂する極めて一般性の高いモデルである．具体的な対応関係を示すと次の通りである．

▼ バシチェック・モデル（$dr=(\theta-ar)dt+\sigma dz(t)$ と表記可能）は，拡張ハル-ホワイト・モデル（Ⅱ）において $\theta(t)$，$\phi(t)$ を時間に依存しない定数とし，$\beta=0$ とした場合に相当する．

▼ ホー-リー・モデル（$dr=\theta(t)dt+\sigma dz(t)$ と表記可能）は，拡張ハル-ホワイト・モデル（Ⅱ）において $\phi(t)=0$，$\beta=0$ とした場合に相当する．

▼ CIR モデル（$dr=(\theta-ar)dt+\sigma\sqrt{r}\,dz(t)$ と表記可能）および拡張 CIR モデル（$dr=[\theta(t)-ar]dt+\sigma\sqrt{r}\,dz(t)$ と表記可能）は，拡張ハル-ホワイト・モデル（Ⅱ）において $\phi(t)$ を定数とし $\beta=1/2$ とした場合に相当する．

▼ ブラック-ダーマン-トーイ・モデル（Black-Derman-Toy model，通称 BDT モデル，$d\log r=[\theta(t)+\dfrac{\sigma'(t)}{\sigma(t)}\log r]dt+\sigma(t)dz(t)$ と表記可能）およびブラック-カラシンスキ・モデル（Black-Karasinski model，$d\log r=[\theta(t)-\phi(t)\log r]dt+\sigma dz(t)$ と表記可能）は，拡張ハル-ホワイト・モデル（Ⅱ）の変形版[*19]といえる．

2.2.4 ハル–ホワイト・モデルの特徴点の整理

ハル–ホワイト・モデルは，金利デリバティブズ（例えば，キャップ，フロア，スワップション）のプライシングのための各種イールドカーブ・モデルのうち，ただ1つの確率ファクターによってイールドカーブの動きを説明するシングルファクター・モデルの1つである．他の多くのシングルファクター・モデルを特殊形として包含する包括的なモデルであり，それゆえ現実の金利の動きに対する説明力が高いといわれている．これまでにみてきたハル–ホワイト・モデルの特徴点（長所および短所）をあらためて整理しておこう．

〔長所〕

① ハル–ホワイト・モデルには，数通りの拡張版モデルがある．一般に，拡張度が低いモデルは，説明力が低い反面取扱いが容易であり，拡張度が高いモデルは，取扱いが煩雑であるとともに多くの情報を必要とする反面説明力が高い．したがって，モデルの利用者は利用目的に応じて最適な拡張度のモデルを使うことが可能である．

このうち最も拡張度の高いモデルについては，以下の②〜④に列挙する長所を有しており，現実の金利の動きに対する適合性が高い．これに対し，前述の通りハル–ホワイト・モデルの各種パラメータの一部に何らかの制約を課したものが他の著名なシングルファクター・モデルに相当する場合が多い．

② ハル–ホワイト・モデルは，無裁定モデルである．現時点で観測されるスポット・レート（ゼロ・イールド）の期間構造をモデルにとり入れることが可能であり，これにより無裁定条件（リスクをとらずに利益を稼ぐ機会が存在しないという条件）を実現している．

③ ハル–ホワイト・モデルは，現時点で観測したスポット・レートのボラティリティの期間構造をモデルにとり入れることが可能である．

また，最も拡張度の高いハル–ホワイト・モデルでは，市場観測できる各期

[*19] 本章で取り扱う一連のハル–ホワイト・モデルをさらに拡張したモデルとして，

$$df(r) = [\theta(t) - \phi(t)f(r)]dt + \sigma f(r)^{\beta}dz(t)$$

という確率過程を考える場合がある．これは，拡張ハル–ホワイト・モデル（II）において短期金利 r を一般的な r の関数 $f(r)$ で置き換えたモデルであり，「一般化ハル–ホワイト・モデル」と呼ばれる．例えば $f(r) = \log r$，$\beta = 0$ とすれば，ブラック–カラシンスキ・モデルとなる．

間のスポット・レートのボラティリティとは独立に，将来の無限小期間短期金利のボラティリティも設定できる自由度の高いモデルとなっている．これに対し，例えばBDTモデルでは，スポット・レートのボラティリティが将来の短期金利のボラティリティを束縛してしまう構造となっているほか（2.A節参照），ホー-リー・モデルでは，そもそもボラティリティの期間構造を考慮することができないなど，ハル-ホワイト・モデルに比べて柔軟性に欠ける．

④ ハル-ホワイト・モデルは，金利の平均回帰性（金利が，長期的な均衡水準に引き戻される傾向があるという性質）をモデルにとり入れることが可能である．その際，平均回帰の調整速度および長期平均金利の水準を単に定数として設定するだけでなく，時間に依存する関数として扱うことも可能である．

現時点のスポット・レートの期間構造および同ボラティリティの期間構造をハル-ホワイト・モデルにとり入れられることを上記②と③で指摘したが，これは，平均回帰性を表すパラメータに時間依存性をもたせられるという自由度があることに起因するものである．参考までに他のモデルと比較すると，BDTモデルでは，ハル-ホワイト・モデル同様に金利の平均回帰性をとり込むことができるのに対し，ホー-リー・モデルではこれが不可能である．

⑤ 種々の確率過程を想定できるハル-ホワイト・モデルにおいて，特に正規過程を仮定した場合には，割引債および同ヨーロピアン・オプションの価格式について解析解が存在する．参考までに他のモデルと比較すると，もともと正規過程を仮定するホー-リー・モデルでは解析解がある一方，対数正規過程を仮定するBDTモデルでは解析解は存在しない．

〔短所〕

① 設定すべきパラメータ（定数または関数）が多いため，それを推定するために必要な情報（信頼度の高い市場価格情報，または過去の市場価格データ）も多くなり，キャリブレーションの面で工夫を要する（この点での対応は2.3節の三項格子法を参照）．

② イールドカーブの変化にねじれ（ツイスト）が現れるケースを説明できない．この問題は，あらゆるシングルファクター・モデルに共通の限界であり，これを解決するには，マルチファクター・モデルを利用するほかない．

2.3 格子法による金利デリバティブズのプライシング：三項格子法のハル-ホワイト・モデルへの適用を例に

2.3節では，2.2節で扱ったような連続時点型の確率過程を離散時点型の格子モデルによって近似するための基本と応用を示す．一般に，原資産が金利ではなく，ブラック-ショールズ・モデルなどの簡単なモデルに対して格子法を適用する場合は，主として二項格子法で十分である．これについては，標準的な教科書で詳しい解説がみられるので，本章では扱わない．一方，金利デリバティブズを扱うためにイールドカーブ・モデルに対して格子法を適用する上では，二項格子法のほかに，三項格子法[20]を扱う必要が生じ得る．そこで，本節では，2.2節のハル-ホワイト・モデルへの適用を例として，主として三項格子法について解説を行い，イールドカーブ・モデルの実務で重要なキャリブレーションの具体的扱い方の一例を述べる．

まず，2.3.1項では，連続時点モデルと離散時点モデルの関係について一般的な整理を行い，三項格子法についての基本をまとめる．次に2.3.2項では，2.2.1項の基本ハル-ホワイト・モデルを例にとって実際に三項格子を生成するとともに，あわせて，現時点で観測されるイールド・カーブにモデルのパラメータをフィットさせるプロセスを示す．2.3.3項では，拡張ハル-ホワイト・モデル（II）に三項格子法を適用する場合のプロセスを示し，基本ハル-ホワイト・モデルに適用する場合との相違点を明らかにする．2.3.4項では，三項格子が完成した後のプライシングの基本プロセスを示す．2.3.5項では，そこまでに示された基本的な方法を若干修正することによって計算効率を高めようとする応用的計算法の例を紹介する．そして2.3.6項では，二項格子法と三項格子法を比較してそれぞれの特徴点を整理するとともに，ハル-ホワイト・モデルを実用化するには二項格子法では不十分であり三項格子法が必要となることを示す．

---

[20] 2.3節で扱う三項格子法は，第1章で解説した有限差分法（微分方程式の数値解法の1つ）のうち陽的（explicit）有限差分法と呼ばれる手法にアイデアを得て発展したものである．この点については，Hull and White（1990a）に詳しい．

2.3.1 連続時点型拡散過程の格子法による近似

連続時点型の拡散過程で表される一般的な金利変動の確率過程を格子法(二項格子,三項格子,…)によって近似する方法は,実務・理論上頻繁に用いられている[21]が,その裏付けとして以下のような定理が存在する(ここでは,数学的厳密性にこだわらず,平易な表現を用いる)[22].

[定理]

連続時点型の拡散過程に従って変動する金利(一般には,ある確率変数)は,次の4条件を満足する格子により,離散時点型の確率過程として近似[23]することができる.

(1) 離散過程における金利の初期水準が連続過程のそれと一致していること.

(2) 離散過程において,1ステップ(微小時間)での変動が非常に大きいケース(いわゆるジャンプ)が発生していないこと.

(3) 離散過程のすべての格子点における金利変動の平均値が,連続過程によって与えられるそれぞれの平均値に一致[24]すること.

(4) 離散過程のすべての格子点における金利変動の分散が,連続過程によって与えられるそれぞれの分散に一致すること.

条件(1),(2)は通常簡単に満足されるので,実際に格子を生成する上では,条件(3),(4)を満足するような離散モデルを作り上げることが鍵となる.

この定理は,一般に k 項ツリー($k \geq 2$)による格子法に適用可能であるが,以下では,ハル-ホワイト・モデルを扱うという観点から,三項格子モデルに

---

[21] こうした方法の中で最もよく知られている例としては,Cox-Ross-Rubinstein が提唱した二項格子法によるオプション・プライシングをあげることができる.

[22] この定理に関する数学的に厳密な議論については,例えば,Nelson and Ramaswamy (1990) を参照.

[23] ここでいう近似とは,離散過程におけるステップ数 N を無限大にする(1ステップに相当する期間を無限小にする)につれて,離散過程が連続過程に「収束」していくことを意味する.なお,ここでいう「収束」とは,数学的に弱収束と呼ばれる概念である.弱収束についての数学的議論は,例えば,Williams (1991) を参照されたい.

[24] 数学上の必要十分条件は,厳密には,一致することではなく,一様収束することである.ただし,実務上は,収束速度が速いほど望ましいこともあって,より強い条件である一致性を満足するようにモデル化される場合が多い.

ついて適用しよう.出発点とする連続時点型の確率過程としては,当面,
$$dr = \mu(r,t)\,dt + \sigma(r,t)\,dz(t) \qquad (2.16)$$
という一般的な形を考える.これを近似する離散モデルとして,時点 0 から T までを N 期間に分割した三項格子を考える.1ステップの間隔を $\Delta t(=T/N)$ と表し,r が時点 $t=n\Delta t$ でとりうる値を $r(n,i)$ (i は状態〈ここでは金利水準〉を表す自然数)と表記する.また,ある格子点から次の格子点へ進むパスの実現可能性を示す各分岐確率(本章では,リスク中立的な世界を仮定しているから,この確率はリスク中立確率となっている)をそれぞれ図 2.2 のように表記する.

ここで,定理の(3),(4)を満足するための条件を書き下すと次の通りである.

$$\mu(r(n,i), n\Delta t)\cdot\Delta t = p(n,i,i_u)\{r(n+1,i_u)-r(n,i)\} + p(n,i,i_m)\{r(n+1,i_m)-r(n,i)\} + p(n,i,i_d)\{r(n+1,i_d)-r(n,i)\} \qquad (2.17)$$

$$\sigma(r(n,i), n\Delta t)^2 \cdot \Delta t = p(n,i,i_u)\{r(n+1,i_u)-r(n,i)\}^2 \\ + p(n,i,i_m)\{r(n+1,i_m)-r(n,i)\}^2 \\ + p(n,i,i_d)\{r(n+1,i_d)-r(n,i)\}^2 - [p(n,i,i_u)\{r(n+1,i_u)-r(n,i)\} + p(n,i,i_m)\{r(n+1,i_m)-r(n,i)\} \\ + p(n,i,i_d)\{r(n+1,i_d)-r(n,i)\}]^2 \qquad (2.18)$$

また,分岐確率について,「確率」の定義から次の条件が満たされる必要がある.

$$p(n,i,i_u) + p(n,i,i_m) + p(n,i,i_d) = 1$$
$$0 < p(n,i,i_u), p(n,i,i_m), p(n,i,i_d) < 1$$

この離散モデルにおいて,ある格子点から次の格子点に進むプロセスを決め

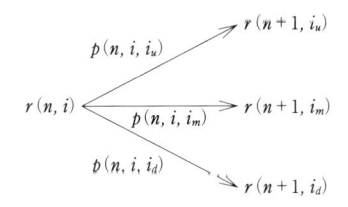

図 2.2 三項格子モデルにおける状態変数とリスク中立確率

るのは6つの変数（3つの分岐確率と3つの次期格子点）であるが，一方これらの変数を制約する等式は3つだけである．したがって，3つの自由度を残して，連続モデルが離散モデルにより近似されたことになる．

そこで以下では，離散モデルを具体化させていく上でツリーの枝分かれの起こり方に関する追加的な条件を3つ与えることにより「再結合するツリー」(recombining tree)を構築することとする．この再結合ツリーとは，金利が上昇した後に下降しても，下降した後に上昇しても，同じ格子点に到達するという条件を満たすツリーのことで，このとき前述のマルコフ性は満たされることになり，計算負担が著しく軽減される．具体的には，

$$r(n,i) = r_0 + i\Delta r \tag{2.19}$$

ただし $r_0 \equiv$ 金利の初期値（$t=0 \langle n=0 \rangle$ における金利）

$\Delta r \equiv$ 定数

という形の格子を仮定する（Δr の決め方には，自由度あり〈後述〉）．ここで，$r(n,i)$ の水準は時間（n）に無関係であり，状態を表すインデックス i のみによって決まると仮定されている．ツリーは図2.3のように発展し得る．

三項格子では1つの格子点 $r(n,i)$ から3つの枝が出ることとなる．分岐の起こり方としては，上図に示した3通りが考えられる（それぞれ，$U \cdot M \cdot D$ 分岐と呼ぶこととする）．このうち，例として，M 分岐をとりあげて計算を進めると，3本の各パスにおける金利変化幅は，

$$\begin{aligned} r(n+1,i_v) - r(n,i) &= r(n+1,i+1) - r(n,i) = \Delta r \\ r(n+1,i_m) - r(n,i) &= r(n+1,i) - r(n,i) = 0 \\ r(n+1,i_d) - r(n,i) &= r(n+1,i-1) - r(n,i) = -\Delta r \end{aligned} \tag{2.20}$$

となっている．これを前述の条件式に代入すると，

$$\mu(r(n,i), n\Delta t) \cdot \Delta t = p(n,i,i_u)\Delta r - p(n,i,i_d)\Delta r \tag{2.21}$$

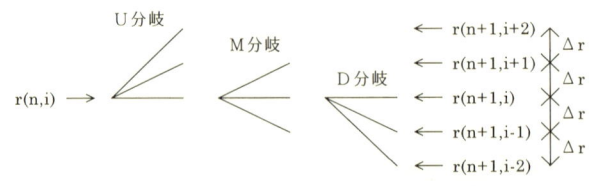

図2.3 三項格子モデルにおける3通りの分岐

$$\sigma(r(n,i),n\Delta t)^2 \cdot \Delta t = p(n,i,i_u)\Delta r^2 + p(n,i,i_d)\Delta r^2$$
$$- [p(n,i,i_u) - p(n,i,i_d)]^2 \cdot \Delta r^2 \quad (2.22)$$
$$p(n,i,i_u) + p(n,i,i_m) + p(n,i,i_d) = 1 \quad (2.23)$$

となる．これで，3未知数（3つの確率）に対し3本の方程式があるので，次の通り，一意的に解を求められる．

$$p(n,i,i_u) = \frac{\eta + \mu \Delta r \Delta t}{2\Delta r^2}$$
$$p(n,i,i_m) = 1 - \frac{\eta}{\Delta r^2}$$
$$p(n,i,i_d) = \frac{\eta - \mu \Delta r \Delta t}{2\Delta r^2}$$
$$\eta \equiv \mu(r(n,i),n\Delta t)^2 \Delta t^2 + \sigma(r(n,i),n\Delta t)^2 \Delta t$$
$$(2.24)$$

ただし，既に指摘したように，これら3つの分岐確率のすべてが負でないことが必要条件である．もし，負の分岐確率が存在すれば，この格子点にはM分岐が当てはまらないことを意味するから，あらためてU分岐またはD分岐を仮定した上分岐確率を再計算し，3つの解がすべて負でない分岐を探すこととなる．なお，U分岐，D分岐に対する分岐確率の計算は，上のM分岐に対する分岐確率の計算とまったく同じプロセスにより可能である．すべての格子点においてこのような計算を行うことにより，計測期間全体にわたる三項格子を生成する（図2.4はその一例）．

なお，上では，3タイプの分岐からどれを選択するかという問題に対して，分岐確率の符号に注目した数理的な議論を展開した．このほか実務的には，各格子点から出る3本の枝のうち中央の枝によって決まる次期金利水準が，連続時点モデルでみた次期金利期待値に最も近くなるように，$U \cdot M \cdot D$分岐を

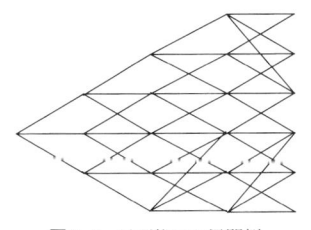

図2.4 三項格子の展開例

選択する方法も利用されている．

2.3.2 基本ハル-ホワイト・モデルへの適用

2.3.1項の議論により，短期金利の変化を説明する一般的な連続時点型確率過程を三項格子法により近似できることが示された．ここからは，近似の対象とする連続時点型モデルとして，2.2節で示した基本ハル-ホワイト・モデルをとりあげる．このためには，金利の確率過程のドリフトおよびボラティリティについて，

$$\mu(r(n,i), n\Delta t) = \theta(n\Delta t) - a \cdot r(n,i) \tag{2.25}$$

$$\sigma(r(n,i), n\Delta t) = \sigma \ (\text{定数}) \tag{2.26}$$

と置いた上，2.3.1項のプロセスに従って三項格子を生成していくのが基本となる．そのためには，モデルの特性を表す定数 a, σ, 関数 θ, および定数 Δr を決定しておく必要がある．

定数 a, σ については，過去の金利データに基づき統計的に推定した値を用いるか，あるいは，市場に厚みのあるプレーンな金利デリバティブズ商品の時価情報から逆算したインプライド・バリューを用いるかのいずれかとなる．一方，関数 θ については，以下に示す方法により，現時点で観測されるイールドカーブにマッチした関数（換言すれば，無裁定条件を満たす関数）を計算することとなる．これが，キャリブレーションであり，繰り返し強調しているように，実務上のキーとなるステップである．

また，2.3.1項で再結合ツリーを作るために格子点の配置に関して条件を付けた際，格子点間隔 Δr（定数）の大きさについては特定せずに自由度を残していた．実際には多くの場合，

$$\Delta r \equiv \sigma\sqrt{3\Delta t} \tag{2.27}$$

として計算を行う．その理由は，この設定を使えば，① $U \cdot M \cdot D$ 分岐のいずれかにより3つの分岐確率すべてが負でない状態を必ず実現できること，および② 離散モデルによる近似の精度（換言すれば，連続モデルへの収束速度）が高いこと，が知られているからである（Hull and White (1990 a)）．

では，キャリブレーションの方法を具体的にみてみよう．現時点で観測されるイールドカーブ情報をモデルにとり込むには，連続時点型モデルのドリフト

項の関数 θ を以下のプロセス（①～③）により決定する．ハル-ホワイト・モデルが無裁定モデル（AR モデル〈arbitrage-free rate movement model〉とも呼ばれる）に分類されるのは，この手続きにより無裁定条件が満足されることとなるからである．

〔関数 θ の決定プロセス（①～③）〕

① アロー-デブリュー（Arrow-Debreu）証券価格の導出法

アロー-デブリュー証券は，ある時点 $n(t=n\Delta t)$ において，特定の 1 つの状態 i が実現した場合に限り単位金額（1 円）を受けとり，他の状態が実現した場合は何も得られないという仮想的な証券である（ここでは，これを特に $AD(n,i)$ 証券と呼ぶことにする）．$AD(n,i)$ 証券の時点 0 における価格を $Q(n,i)$ と表すことにする．$Q(n,i)$ は以下のように導出される．

まず，$AD(n,i)$ 証券を格子点 $(n-1,j)$ において評価することを考える．一般にリスク中立的な世界におけるキャッシュフローの割引期待値が金融商品の時価を表すことと $AD(n,i)$ 証券の定義を念頭に置くと，求めたい時価は，「格子点 (n,i) で発生する単位キャッシュフロー（1 円）を 1 期割り引いた金額」に対し，「格子点 $(n-1,j)$ から (n,i) に進む確率」を乗じたもの，すなわち $e^{-r(n-1,j)\Delta t}p(n-1,j,i)$ である．

次に，n と i を所与として $p(n-1,j,i)>0$ となるすべての状態 j について，$AD(n-1,j)$ 証券を $e^{-r(n-1,j)\Delta t}p(n-1,j,i)$ 単位ずつ集めたポートフォリオを考える．時点 $n-1$ においていずれの状態 j が実現したとしても，このポートフォリオの価値は $e^{-r(n-1,j)\Delta t}p(n-1,j,i)$ となる．これは，$AD(n,i)$ を同時点・同状態で評価した価値と同じである．無裁定条件を前提とすれば，一般に，2 種類の金融資産が存在し，両者の価値がある 1 時点でいかなる状態が実現しても互いに等しいという場合には，他のすべての時点においてもその価値が常に等しくなければならない．したがって，$Q(n,i)$ は，上記ポートフォリオを時点 0 で評価した価値に等しい．これにより，

$$Q(n,i)=\sum_j Q(n-1,j)p(n-1,j,i)e^{-r(n-1,j)\Delta t} \tag{2.28}$$

$Q(0,0)=1$

という関係式が成立する．ここで，分岐確率 $p(n-1, j, i)$ は，三項格子を前提にすると格子点 (n, i) の位置に応じて1～5通りの j につき正の値を有し，他のすべての j についてゼロとなる．したがって，図2.5に示すように，時間が進むに従って前向きに割引期待値を算出する（これをフォワード・インダクションと呼ぶ）形で $Q(n, i)$ の計算を進めることができる[*25]．具体的には(2.29)式のような計算を行う．

$$Q(n,i) = p(n-1,j+1,i) Q(n-1,j+1) e^{-r(n-1,j+1)\Delta t} \\ + p(n-1,j,i) Q(n-1,j) e^{-r(n-1,j)\Delta t} \\ + p(n-1,j-1,i) Q(n-1,j-1) e^{-r(n-1,j-1)\Delta t} \qquad (2.29)$$

② アロー–デブリュー証券を利用した割引債価格の導出

ここでは，$Q(n, i)$ を所与とした場合に，期間 $(n+2)\Delta t$ のスポット・レート（ゼロ・イールド）$R(n+2)$ を求めるプロセスを考える．まず，満期が $(n+2)\Delta t$ である割引債を格子点 (n, j) において時価評価すると，

$$e^{-r(n,j)\Delta t} E[e^{-r(n+1)\Delta t} | r(n) = r(n,j)] \qquad (2.30)$$

となる．（ただし，$E[A|B]$ は，条件 B の下での A の期待値を表す）．この価格式は，時点 $(n+1)$（満期の1期前）における同割引債の価格期待値をさらに1期分割り引いた形となっている．ここで，同割引債の格子点 (n,j) における価値は，$AD(n, j)$ 証券を各 j について $e^{-r(n,j)\Delta t} E[e^{-r(n+1)\Delta t}|r(n)=r(n,j)]$

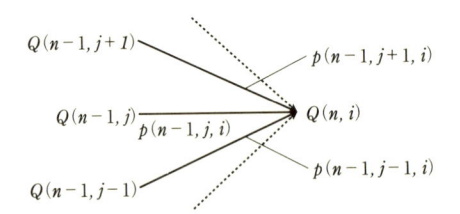

図2.5 フォワード・インダクションによるアロー–デブリュー証券価格の算出
$Q(n, i)$ に対応する前期の状態数が3つ $(j-1, j, j+1)$ の場合の計算例．

[*25] この段階では，(2.29)式中の分岐確率 p が $\theta((n-1)\Delta t)$ の値に依存している点に注意を要する．

単位ずつ集めたポートフォリオの格子点 (n,j) における価値に等しい．したがって，時点 0 においても同割引債の価値とポートフォリオの価値が一致することとなり，

$$e^{-(n+2)R(n+2)\Delta t} = \sum_j Q(n,j) e^{-r(n,j)\Delta t} E[e^{-r(n+1)\Delta t} | r(n) = r(n,j)] \qquad (2.31)$$

という関係を得る．

③ ハル-ホワイト・モデルへの適用

基本ハル-ホワイト・モデルを利用して，(2.31) 式右辺の期待値の部分を整理すると，

$$E[e^{-r(n+1)\Delta t} | r(n) = r(n,j)] = e^{-r(n,j)\Delta t} E[e^{-dr(n,j)\Delta t}] \qquad (2.32)$$
$$= e^{-r(n,j)\Delta t} e^{[-\theta(n\Delta t) + ar(n,j) + \sigma^2 \Delta t / 2]\Delta t^2}$$

となる．これを用い，$\theta(n\Delta t)$ に関する説明式を得るように (2.31) 式を整理すると，

$$\theta(n\Delta t) = \frac{1}{\Delta t}(n+2)R(n+2) + \frac{\sigma^2 \Delta t}{2} + \frac{1}{\Delta t^2}\log \sum_j Q(n,j) e^{-2r(n,j)\Delta t + ar(n,j)\Delta t^2}$$
$$(2.33)$$

となる．ここまでは，$Q(n,j)$ を所与として $R(n+2)$ を求めると考えてきたが，ここからは逆に，現在の市場で観測されるスポット・レート $R(n+2)$ を所与として，その情報に適合した関数 $\theta(n\Delta t)$ を算出するものと考える．ここで，定数 a，σ は既に得られているので，次のような過程を経て関数 $\theta(n\Delta t)$ を決定することができる．

$$Q(0,0) = 1 \Rightarrow \theta(0\Delta t) \Rightarrow p(0,0,j) \Rightarrow Q(1,j) \Rightarrow \theta(1\Delta t) \Rightarrow \cdots$$
$$\cdots \Rightarrow \theta(k\Delta t) \Rightarrow p(k,l,m) \Rightarrow Q(k+1,m) \Rightarrow \theta((k+1)\Delta t) \Rightarrow \cdots$$

ただし，Q から θ を導くには ③ で得た (2.33) 式を用い，θ から p を得るには 2.3.1 項で導いた (2.24) 式を用い，p から Q を得るには ① における (2.28) 式を用いる．なお，この過程において，イールドカーブ $R(n)$ にマッチした関数 $\theta(n\Delta t)$ を求める副産物として，すべての $Q(n,i)$ も同時に得ることとなる．また，θ の関数形をどの程度細かく推定できるかは，イールドカーブ $R(n)$ の測定点の細かさに依存している．

以上で, 基本ハル–ホワイト・モデルのパラメータの決定方法がわかったので, 2.3.1 項のプロセスを経て, 分岐確率を決定し, 三項格子を完成させることができる. なお, 既に指摘したように, 拡張ハル–ホワイト・モデル（I）に対しては, 変数変換の手法を用いることにより, ここで紹介した基本ハル–ホワイト・モデルに対する手法をそのまま適用できる.

2.3.3　拡張ハル–ホワイト・モデル（II）への適用

拡張ハル–ホワイト・モデル（II）を実用化する上で基本ハル–ホワイト・モデルの場合と異なる点は, 関数 θ に加えて関数 ϕ も決定しなければならないことである. そのためには, 基本ハル–ホワイト・モデルで利用したスポット・レートの期間構造（イールドカーブ）情報に加えて, 同レートのボラティリティに関する期間構造の情報も同時に用いることによって, これらに適合する関数 θ, ϕ を導出することとなる.

ボラティリティ期間構造の情報をとり入れるには, 三項格子法の枠組みにおいて, 次のような工夫をすることが有効である. すなわち, 図 2.6 に示すように, ツリーの最初の 1 ステップだけは二項格子を作り, 以後は通常の三項格子を作っていく方法をとる.

この格子の下で, スポット・レートの期間構造 $R(n)$ および同ボラティリティの期間構造 $V(n)$ を所与として, 関数 θ と関数 ϕ を同時に決定するプロセスは以下の通りである.

まず, 時点 $\Delta t(n=1)$ において状態 U が実現した場合の各期間スポット・レートを $R_u(n)$, 状態 D が実現した場合の同レートを $R_d(n)$ と表すことにする[*26]. また, この 2 状態への分岐確率はともに 0.5 であると仮定する. こ

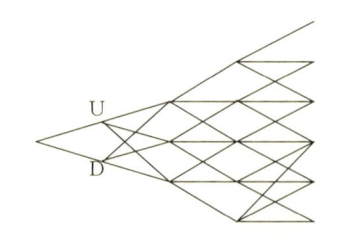

図 2.6　二項格子と三項格子の組み合わせ

のとき，各 n について，次の2つの条件式が成立する．

$$e^{-nR(n)\Delta t} = e^{-r_0 \Delta t}[0.5 e^{-(n-1)R_u(n)\Delta t} + 0.5 e^{-(n-1)R_d(n)\Delta t}] \quad (2.34)$$

$$V(n)\sqrt{\Delta t} = 0.5 \log \frac{R_u(n)}{R_d(n)} \quad (2.35)$$

1本目の式は，現時点（時点0）における各スポット・レートの観測値（ディスカウント・ファクターとして表されている）にモデルを適合させるための条件である．2本目の式は，現時点における各スポット・レートのボラティリティの観測値にモデルを適合させるための条件である[*27)]．この連立2元方程式を解くことにより，$R(n)$ と $V(n)$ から $R_u(n)$ と $R_d(n)$ を導くことができる．

2本目の式を直観的に解釈するには，ボラティリティ $V(n)$ が大きいほど，$R_u(n)$ と $R_d(n)$ の差が拡大する点に着目するとよい．また，これと逆にボラティリティがゼロである（不確実性のない）世界を想定すれば，2本目の式から $R_u(n) = R_d(n)$ となることがわかる上，さらに1本目の式からは，$R_u(n)$，$R_d(n)$ の水準が現時点におけるインプライド・フォワード・レートに一致することがわかる．

次に，2.3.2項で基本ハル-ホワイト・モデルの関数 θ を $R(n)$ に適合させたのと同じ手順により，ここでは，関数 θ, ϕ を $R_u(n)$ と $R_d(n)$ に適合させる．

まず，時点 Δt $(n=1)$ の2つの格子点のうち，状態 U, D におけるアロー-デブリュー証券の価格をそれぞれ $Q_u(n,i)$, $Q_d(n,i)$ と表記することにする．この時点における各期間の割引債価格をアロー-デブリュー証券からなるポートフォリオの価値として表すと次のようになる．

[*26)] 厳密には，例えば $R_u(n)$ は，満期が $n\Delta t$ である割引債のゼロ・イールドを時点 Δt で観測したものである．したがって，これは，時点 Δt における期間 $(n-1)\Delta t$ のスポット・レートである．

[*27)] スポット・レートのボラティリティ $V(n)$ は，厳密には，スポット・レートの変動率の標準偏差として定義されている．この場合，二項分岐における対数正規過程のボラティリティがこの式によって表されることとなる．

$$e^{-(n+1)R_u(n+2)\Delta t} = \sum_j Q_u(n,j) e^{-r(n,j)\Delta t} E[e^{-r(n+1)\Delta t} | r(n) = r(n,j)] \quad (2.36)$$

$$e^{-(n+1)R_d(n+2)\Delta t} = \sum_j Q_d(n,j) e^{-r(n,j)\Delta t} E[e^{-r(n+1)\Delta t} | r(n) = r(n,j)] \quad (2.37)$$

ここで，各式右辺の期待値部分は，拡張ハル-ホワイト・モデル（II）の式を代入したうえ伊藤の補題とテーラー展開（Δt の3次モーメント以上を無視）を用いることにより，

$$\begin{aligned}
E[e^{-r(n+1)\Delta t} | r(n) = r(n,j)] &= e^{-r(n,j)\Delta t} E[e^{-dr(n,j)\Delta t}] \\
&= e^{-r(n,j)\Delta t} e^{[\theta(n\Delta t) + \phi(n\Delta t)r(n,j) + \sigma^2 \Delta t / 2]\Delta t^2} \\
&\cong e^{-r(n,j)\Delta t} [1 - \theta(n\Delta t)\Delta t^2 + \phi(n\Delta t)r(n,j)\Delta t^2]
\end{aligned} \quad (2.38)$$

と整理される．これを上の割引債価格式に代入すると，次の結果を得る．

$$\theta(n\Delta t) \sum_j Q_u(n,j) e^{-2r(n,j)\Delta t} \Delta t^2 - \phi(n\Delta t) \sum_j Q_u(n,j) e^{-2r(n,j)\Delta t} r(n,j) \Delta t^2$$
$$= \sum_j Q_u(n,j) e^{-2r(n,j)\Delta t} - e^{-(n+1)R_u(n+2)\Delta t} \quad (2.39)$$

$$\theta(n\Delta t) \sum_j Q_d(n,j) e^{-2r(n,j)\Delta t} \Delta t^2 - \phi(n\Delta t) \sum_j Q_d(n,j) e^{-2r(n,j)\Delta t} r(n,j) \Delta t^2$$
$$= \sum_j Q_d(n,j) e^{-2r(n,j)\Delta t} - e^{-(n+1)R_d(n+2)\Delta t} \quad (2.40)$$

ここで，$Q_u(n,j)$，$Q_d(n,j)$ については，2.3.2項①で $Q(n,j)$ に対して得た関係式と同様の関係式が成立する．これと上の2式を併用して2.3.2項③と同様の手順を踏めば，既に求めた $R_u(n)$ と $R_d(n)$ から最終的に $\theta(n\Delta t)$ と $\phi(n\Delta t)$ を決定することができる．以上で，拡張ハル-ホワイト・モデル（II）に現れるすべてのパラメータを設定したので，2.3.1項で論じたプロセスに従い，短期金利の経時変化を三項格子により離散近似することができる．

ここまでの議論では，スポット・レートのボラティリティの期間構造は「市

場で観測できた」ものとし，所与の計数として扱ってきた．しかし，現実には，これらのボラティリティを推定することは簡単でない点に注意を要する．

推定法としては，まず，過去の一定期間のスポット・レート実現値からボラティリティの統計的推定値（最小自乗推定量やARCH/GARCHモデルによる推定量など）を算出する方法が考えられるが，この方法では過去の情報から現時点の状態を推定しているに過ぎず，推定の信頼度が不十分であるとの指摘もある．この問題を解決するには，（モデルにおける定数パラメータ σ に加えて）パラメータ関数 $\phi(n\Delta t)$ 上の各点の値についても，インプライド・バリューを求める必要がある．そのためには，市場に厚みがあり公正な時価を入手可能な金融商品が測定点に対応する数だけ存在していなくてはならない．現時点のデリバティブ市場をみた場合，こうした状況が実現しているとはいい難く，このために拡張ハル-ホワイト・モデル（II）は実用化しにくい面もあろう．

一般に，パラメータの数を増やすことによりモデルの説明力を高めようとすると，同時に必要な情報量も増加するのでこのタイプの問題が発生することとなる．これはハル-ホワイト・モデルに限ったことではなく，普遍的な問題である[*28]．したがって，市場情報の利用可能性とモデルに要求される正確性とのバランスをとって，モデルを選択することが最も重要である．

2.3.4　三項格子法に基づく金利デリバティブズのプライシング

第1章および2.1節で説明したように，一般に，金融商品の価格 $PV(0)$ を求めるには，キャッシュフローの割引現在価値についてリスク中立的な世界における期待値を算出すればよいことが知られている[*29]．

$$PV(0) = E_t[e^{-\int_0^T r(t)dt} \times \mathrm{CashFlow}(T)] \tag{2.41}$$

(2.41) 式右辺で被積分関数となっている将来の短期金利 $r(t)$ には，ここでは，ハル-ホワイト・モデルを適用する．本計算は，連続時点型のモデルでも離散時点型のモデルでも同様に適用可能であるから，三項格子によって将来の

[*28] 例えば，ブラック-ダーマン-トーイ・モデルやブラック-カラシンスキ・モデルについてもまったく同じ問題が起こる．

[*29] この結果の理論的な導出について詳しく知るには，Hull (2000)，コックス・ルービンシュタイン (1988)，木島 (1994) などを参照されたい．

金利の発展過程が得られている場合には，次のプロセス①〜③によりプライシングが可能である．

① 各格子点におけるキャッシュフロー（CF）を算出する．各格子点における r は既知であるから，金利デリバティブの CF が容易に判明する．

② 満期時点から現時点に向かって1期ずつさかのぼる形で（バックワード・インダクション，図 2.7），各格子点において，CF の割引価値の期待値を（2.42）式のように算出する．期待値を算出するための確率としては，2.3.1項で得た分岐確率を用いる（この確率は，リスク中立的な世界において算出されたものであるから，プライシングを行う上で適用すべき確率である）．

$$CF(n,i) = P_u e^{-r(n,i)\Delta t} CF(n+1,j+1) + P_m e^{-r(n,i)\Delta t} CF(n+1,j)$$
$$+ P_d e^{-r(n,i)\Delta t} CF(n+1,j-1) \qquad (2.42)$$

ただし，$CF(n,i)$ は，時点 $n\Delta t$，状態 i におけるキャッシュフロー．

③ バックワード・インダクションによって現時点までさかのぼったときの $CF(0,0)$ が，求めるべき時価（(2.41) 式の $PV(0)$）である．

2.3.5 応用的な三項格子法

2.3.1項から2.3.4項までは，ハル-ホワイト・モデルを三項格子法により実用化する基本的手法を示した．実務界では，これをベースに様々な修正を施した応用的な計算手法を開発し，計算効率・精度の向上を図っている．ここでは例として，(1) 効率的な三項格子の生成法と，(2) フォワード・インダクションによるプライシング法を紹介する．

a．効率的な三項格子の生成法

離散近似の精度を上げるには，短期金利 r_t の代わりに，r_t を (2.43) 式により変換した新たな確率変数 x_t の変動過程を三項格子法によりモデル化する

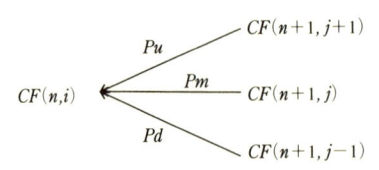

図 2.7 バックワード・インダクションによるキャッシュフローの割引現在価値の期待値の計算

方法が有効である（簡単のため，基本ハル-ホワイト・モデル $\langle dr=[\theta(t)-ar]dt+\sigma dz(t)\rangle$ の枠内で議論する）．

$$x_t = r_t - \xi(t) \tag{2.43}$$

ただし，$\xi(t)$ は，等式 $\xi'(t)+a\xi(t)=\theta(t)$ および $\xi(0)=r_0$ を満足する関数である．このとき，x_t の確率過程は，次のようになる．

$$\begin{aligned}dx_t &= dr_t - \xi'(t)dt \\ &= [\theta(t)-ar_t-\xi'(t)]t+\sigma dz(t) \\ &= a[\xi(t)-r_t]dt+\sigma dz(t) \\ &= -ax_t dt+\sigma dz(t)\end{aligned} \tag{2.44}$$

$$x_0 - 0$$

この方法のメリットは，x_t の確率過程が①0を中心に対称に分布していることと，②時間に依存するパラメータを含んでいないため，格子を形成する際の取扱いが簡便となる上，計算速度も速くなること，にある．なお，変換に必要な関数 $\xi(t)$ は，x_t の三項格子を生成していく過程で算出可能であることがわかっている（Hull and White（1994a, b）参照）．また，理論上は，$\xi(t)$ の解析解[*30]が存在することもわかっている（Kijima and Nagayama（1994）参照）．

b．フォワード・インダクションによるプライシング法

2.3.4項では，金利デリバティブズをプライシングする方法として，短期金利の三項格子完成後に，キャッシュフローをバックワードに割り引くプロセスを示した．これに代わる計算手法として注目されるのは，2.3.2項で三項格子生成中に一種の副産物として得られたアロー-デブリュー証券価格 $Q(n,i)$ を利用する方法である．

[*30] $\xi(t)$ についての微分方程式 $\xi'(t)+a\xi(t)=\theta(t)$，$\xi(0)=r_0$ を解くと，

$$\xi(t)=e^{-at}\left[r_0+\int_0^t e^{aq}\theta(q)dq\right]$$

となる．これに，$\theta(t)$ の解析式を代入すると，最終的な結果は，

$$\xi(t)=F(0,t)+\frac{\sigma^2}{2a^2}(1-e^{-at})^2$$

となる．ただし $F(0,t)$ は現時点でみた t 時点スタートの瞬間的フォワード・レートを表す．

一般に，金利デリバティブズは，（経路独立性を前提とすれば）時点 n（$t=n\Delta t$），状態 i（ただし，ここでいう状態は金利水準のみによって決まるもの）において発生するキャッシュフロー $CF(n,i)$ を決めることにより特徴づけることができる．この商品の時価は，

$$\sum_n \sum_i CF(n,i) \cdot Q(n,i) \tag{2.45}$$

によって与えられる．これは，アロー–デブリュー証券の定義から，$Q(n,i)$ の意味を考えれば自明である．この手法では，$Q(n,i)$ をフォワード・インダクションにより求めるだけでよく，バックワード・インダクションのステップが不要となるから計算効率が高くなる．

2.3.6 二項格子法の限界と三項格子法の必要性

連続時点型の確率過程（厳密には拡散過程）を離散時点型の確率過程により近似するための格子法について，実務上頻繁に用いられる二項格子法と三項格子法とを比較してみると，二項格子法は，計算が簡単かつ理解が容易である点を長所とする一方，再結合ツリー（recombining tree）を生成できるのは確率過程の平均値および分散値に強い条件を付けた簡単なモデルに限られる，という制約がある．これに対し，三項格子法では，計算は相対的に複雑になるものの，ツリー生成上の自由度が広がることから，平均値および分散値が定数でない一般的な確率過程モデルを再結合ツリーにより離散近似することが可能となる．この事情をより詳しくみると以下の通りである．

二項格子法では，説明変数が4つ（状態数2つ，分岐確率2つ），条件数が3つ（平均の一致，分散の一致，分岐確率の和）であるから，自由度が1つある．ただ，一般に格子法を使う場合，計算負担を現実的なものとするために再結合ツリーを生成する必要がある．二項モデルでは，通常，たった1つの自由度をこのために使うこととなる．これで，自由度の無駄なく，離散近似法が一意的に定まるかにみえるが，実はまだ問題が残っている．それは，上記の3条件のほかに，弱い追加条件（各格子点においてすべての分岐確率が負でないこと）を満足する必要があることである．もし，ブラック–ショールズ・モデル

のように，平均値および分散値がともに定数であれば，すべての分岐確率が同一の定数となるため，この追加条件を満足するように適当な設定を行うことが可能となる（コックス-ロス-ルービンシュタイン Cox-Ross-Rubinstein モデルが代表例）．しかし，確率過程の平均値または分散値を時間や状態に依存する関数としたより複雑なモデルを扱う場合には，分岐確率もまたこれらの関数となるので，上記追加条件を満足するとの保証は一般には得られない．具体的なモデルをみると，ホー-リー・モデルでは確率過程の平均値が時間の関数となっているほか，ブラック-ダーマン-トーイ・モデルでは平均値が時間と状態の関数，分散値が時間の関数となっているが，いずれのモデルも，これらの関数形に強い制約を課すことにより再結合ツリーを実現させている．ただ，その制約がモデルを非現実的なものにしているといった指摘もある（Hull and White (1990 c)）．また，基本（拡張）ハル-ホワイト・モデルについては，平均値が状態と時間の関数（拡張モデルでは分散値も状態の関数）となっているため，二項格子法により再結合ツリーを実現させるような条件をもち合わせていない．

一方，三項格子法では，説明変数が6つ（状態数3つ，分岐確率3つ），条件数が3つ（平均の一致，分散の一致，分岐確率の和）であるから，自由度が3つある．さらに，再結合ツリーを生成するために2つの自由度を使うと，1つの自由度が残る．直観的な説明をすれば，この自由度を利用して，上記追加条件（分岐確率が負でないこと）を満足するような設定を作ることができる．この結果，ハル-ホワイト・モデルのような一般的な確率過程に対しても実用可能性の高い離散近似を行うことができるのである．

2.4 HJM モデルのキャリブレーション

2.3節の後半では離散時点モデル（三項格子法）におけるキャリブレーションについて解説したので，次に本節では，連続時点モデルにおけるキャリブレーションを解説しよう．実際にとりあげる HJM モデルは，既に言及したように，極めて柔軟性が高いモデルとして知られている．ただ，理論面での研究が進んでいるのと比べると，実務面での利用は今一つ浸透していないのも事実で

あろう．その主たる理由の1つが，キャリブレーションの難しさにある．本節での議論を通じて，HJMモデルの具体的な扱い方の概要を理解しつつ，どのように実務上の困難さが存在するのかをみていきたい．

HJMモデルのキャリブレーションとは，金利キャップやフロアといった金利デリバティブズの市場価格情報と整合的に，HJMモデルに含まれるパラメータ（後でみるように，具体的にはボラティリティ関数のパラメータ）を決定することである．海外のデータに基づきこれを行った研究としては，Amin and Morton（1994）がよく知られている．また，それを参考にわが国の円金利市場で同様の研究を行った例として，加藤・吉羽（1999）がある[*31]．本節では，以下，HJMモデルの概要とそのキャリブレーションの基本を説明した後，加藤・吉羽（1999）の内容を紹介することとする．

2.4.1 HJMモデルの概要

HJMモデルは，イールドカーブ・モデルの中でも他の多くのイールドカーブ・モデルを包含するという意味で，最も包括的な枠組みといえる．具体的な形は次の通りである．

$$df(t,T) = \alpha(t,T,\cdot)dt + \sigma(t,T,f(t,T))dz(t) \qquad (2.46)$$

ここで，$f(t,T)$は，時点tで観察される満期Tの期間無限小フォワードレート（すなわち，期間$(T, T+dT)$に対し適用されるフォワードレート）であり，これが，ドリフト項の係数を$\alpha(t,T,\cdot)$，ボラティリティ項の係数を$\sigma(t,T,f(t,T))$として発展していくとモデル化されている．上式は，リスクファクターとしてウィナー過程を表す$z(t)$が1つだけ含まれたシングルファクター・モデルを表しているが，一般には，これをマルチファクター・モデルに拡張可能である（実際，2ファクター・モデルで定式化した研究例が多数報告されている）．本節では，キャリブレーションを少しでも簡単にするために，便宜的にシングルファクター・モデルを考察の対象とする．

Heath, Jarrow and Morton（1992）は，上式が無裁定条件を満たす（リス

[*31] わが国の円金利市場を対象としてHJMモデルを分析した先行研究としては，加藤・吉羽(1999)のほかにMiyazaki and Yoshida (1998)もある．後者では，前者のようなキャリブレーションを行うのではなく，国債のヒストリカル・データから1〜3ファクターHJMモデルのパラメータを推定している．本章では，この分野には立ち入らない．

ク中立の確率過程として表される）ための必要十分条件が，

$$\alpha(t,T,\cdot)=\sigma(t,T,f(t,T))\int_t^T\sigma(t,\tau,f(t,\tau))dz(\tau) \qquad (2.47)$$

で与えられることを証明した．したがって，HJM モデルの形を具体的に特定する上では，ボラティリティ関数は完全に自由に決めることができるが，ひとたびそれを決めると，ドリフト関数は (2.47) 式に従って自動的に決まってしまう．

最後に 1 点注意したいのは，HJM モデルが非マルコフ過程[*32]であることである．この性質は，フォワードレートの式からスポットレートの式を導いたときに，そのトレンド項に評価時点以前の関数値が含まれていることによって確認できる[*33]．非マルコフ過程は，格子法を用いてもツリーが再結合しないために計算負荷が重いといった欠点があり，モンテカルロ・シミュレーション法を用いて価格解を計算する場合が多い．HJM モデルは汎用性が高く説明力も優れているにもかかわらず，必ずしも扱いやすくないと認識されているのは，こうした理由からである．

2.4.2 アミンとモートンの研究

次に，HJM モデルのキャリブレーションを行った研究として知られるアミンとモートンの研究（Amin and Morton (1994)）の概略をみておこう．Amin and Morton (1994) は，HJM モデル（シングルファクター版）のキャリブレーションを，ユーロドルの先物と先物オプションの市場データを使って実行した．2.4.1 項でみたように，ボラティリティ関数を決めることとすればトレンド関数には自由度が残らないことから，キャリブレーションはボラティリティ関数を市場価格情報にフィットさせる作業になる．Amin and Morton (1994) は，パラメトリックに推計を行うために，ボラティリティ関数 $\sigma(t,T,f(t,T))$ として次の 6 通りの形を先験的に仮定した上で，それぞれ最適なパラ

[*32] マルコフ過程とは，対象となる確率変数（ここでは金利）の挙動が観測時点の情報だけで決まり，観測時点以前の情報に依存しない性質をいう．非マルコフ過程はその逆で，観測時点以前の情報に依存した確率過程をいう．
[*33] 具体的な数式は，例えば Hull (2000) を参照．

メータを推定した．すなわち，金利デリバティブズ価格にインプライされたパラメータを計算したわけである．

① absolute モデル　　　　　　：　$\sigma(\cdot)=\sigma_0$
② square root モデル　　　　　：　$\sigma(\cdot)=\sigma_0 f(t,T)^{1/2}$
③ proportional モデル　　　　 ：　$\sigma(\cdot)=\sigma_0 f(t,T)$
④ linear absolute モデル　　　：　$\sigma(\cdot)=\sigma_0+\sigma_1(T-t)$
⑤ exponential モデル　　　　　：　$\sigma(\cdot)=\sigma_0 \exp[-\lambda(T-t)]$
⑥ linear proportional モデル　：　$\sigma(\cdot)=[\sigma_0+\sigma_1(T-t)]f(t,T)$

この6通りの関数形の性質を順に調べていこう．①〜③のモデルには1つのパラメータが，④〜⑥のモデルには2つのパラメータが含まれており，それらを推定することになる．① absolute モデルは，フォワードレートの変動が期間中一定であり，正規分布に従うことを仮定している．一方，③ proportional モデルは，パラメータにフォワードレートを掛け合わせた形のボラティリティ構造をもっており，フォワードレートの収益率変動を期間中一定としていることになる．したがって，フォワードレートの対数値が正規分布に従うことになり，理論的にフォワードレートが負にならないといった長所をもつ．② square root モデルは，① absolute モデルと ③ proportional モデルの中間的なモデルである．④ linear absolute モデルは，フォワードレートの変動が，期間中一定な部分と満期までの期間によって増加（ないし減少）する部分とで構成されるモデルである．一方，レートの変動ではなく収益率の変動について同様の見方をしたモデルが，⑥ linear proportional モデルである．⑤ exponential モデルは，満期までの期間に応じてフォワードレートの変動が指数的に減少（ないし増加）するモデルである．

2.4.3　実証分析例

Amin and Morton (1994) はドル金利に対してキャリブレーションを行ったが，加藤・吉羽 (1999) は，同様の方法で円金利データに対するキャリブレーションを行った結果を報告している．以下では，加藤・吉羽 (1999) による実証分析を紹介する．

加藤・吉羽 (1999) は，2.4.2項の6通りのボラティリティ関数に対し，わ

2.4 HJMモデルのキャリブレーション

が国の市場で観測された円金利キャップの価格情報[*34]（1998年3月から1999年3月までの隔月末におけるプレミアム）を適用してパラメータを推定した．具体的には，まずモデルの各パラメータを所与とすれば各金利キャップ価格の理論値（モデルから導出された価格）を算定できる[*35]．各金利キャップについて理論値と市場価格の乖離率を計算し，それらすべての二乗和を計算してモデル誤差のインディケータと位置付ける．モデルの各パラメータをトライ・アンド・エラーで動かして計算を繰り返すことにより，モデル誤差のインディケータを最小化するパラメータ（ないしパラメータ・セット）を特定できる．こうして，キャリブレーションが実行できる．

加藤・吉羽（1999）が報告している結果は，表2.1の通りである[*36]．表中の「種」は乱数の種[*37]を，χ^2 はキャリブレーションされたパラメータに対するモデル誤差インディケータを示す．χ^2 値が小さいほど，モデル（ボラティリティ関数）がデータによくフィットしていることになる．結果をみると，χ^2 値は linear absolute モデルを除いて[*38]，square root モデル，exponential モデル，absolute モデルの順に大きくなっている．すなわち，この分析をみる限り，上記の6通りのボラティリティ関数の中で② square root モデルが相対的に市場への当てはまりがよいといえる[*39]．

[*34] 円金利キャップの市場クォートはインプライド・ボラティリティのベースでなされているため，これをブラックのモデル（Black (1976)）によってプレミアムに換算した値を利用している．

[*35] HJMモデルのランダム項にモンテカルロ・シミュレーションから得た乱数値を適用して将来のフォワード・イールドを発生させ，それに基づき個々のキャップレットについてオプション・プレミアムを計算する．キャップは，これらのキャップレットを構成要素としているから，各プレミアムを合算することによりキャップのプレミアムを算定できる．これらの操作を繰り返した上，平均値を計算して，キャップ価格の理論値と考える．詳細は，加藤・吉羽（1999）を参照．

[*36] 加藤・吉羽（1999）によると，proportional モデルと linear proportional モデルは，キャリブレーションの途中で観測されるフォワードレートやプレミアムが異常な値となってしまったため結果から除いたとされている．

[*37] モンテカルロ・シミュレーションにおける乱数発生の初期値を種と呼ぶ．乱数は，発生させる手法によってパターンが異なるだけではなく，手法が同じでも初期値によってできあがったパターンが異なる．

[*38] 加藤・吉羽（1999）では，linear absolute モデルは，パラメータや χ^2 の値が乱数の種に応じて極めて大きく変動するなど不安定な結果となったことから，モデル比較の対象から除外されている

[*39] $\chi^2=2$ の場合で，個々の金利キャップ・フロアの市場価格と理論値の間に約20％の誤差が残っていることになる．したがって，χ^2 が2〜4程度の② square root モデルでも，なお市場データと乖離があることに注意したい．

表 2.1 HJM モデルのキャリブレーション結果(各種ボラティリティ関数に対する円金利データの適用:加藤・吉羽 (1999) より)

a) absolute モデル

日付	種	χ^2	σ^0
1998/3/31	1	26.27	0.0080
1998/3/31	2	26.77	0.0078
1998/3/31	3	27.93	0.0074
1998/5/29	1	16.57	0.0105
1998/5/29	2	17.53	0.0103
1998/5/29	3	17.71	0.0102
1998/7/31	1	13.41	0.0111
1998/7/31	2	14.18	0.0110
1998/7/31	3	14.71	0.0109
1998/9/30	1	17.48	0.0111
1998/9/30	2	18.60	0.0110
1998/9/30	3	19.16	0.0108
1998/11/30	1	16.26	0.0100
1998/11/30	2	17.40	0.0099
1998/11/30	3	16.35	0.0098
1999/1/29	1	21.55	0.0108
1999/1/29	2	22.06	0.0107
1999/1/29	3	23.07	0.0104
1999/3/31	1	30.61	0.0093
1999/3/31	2	31.18	0.0092
1999/3/31	3	32.03	0.0088

b) square root モデル

日付	種	χ^2	σ_0
1998/3/31	1	3.75	0.084
1998/3/31	2	3.74	0.084
1998/3/31	3	3.98	0.082
1998/5/29	1	3.08	0.086
1998/5/29	2	3.12	0.086
1998/5/29	3	3.14	0.084
1998/7/31	1	3.59	0.084
1998/7/31	2	3.49	0.084
1998/7/31	3	3.60	0.082
1998/9/30	1	2.59	0.097
1998/9/30	2	2.38	0.098
1998/9/30	3	2.51	0.096
1998/11/30	1	3.89	0.086
1998/11/30	2	3.19	0.088
1998/11/30	3	3.94	0.085
1999/1/29	1	4.80	0.093
1999/1/29	2	4.50	0.093
1999/1/29	3	4.59	0.092
1999/3/31	1	1.98	0.127
1999/3/31	2	1.91	0.127
1999/3/31	3	1.89	0.125

c) linear absolute モデル

日付	種	χ^2	σ_0	σ_1
1998/3/31	1	5.18	0.0052	0.0040
1998/3/31	2	20.74	0.0109	-0.0083
1998/3/31	3	5.54	0.0048	0.0041
1998/5/29	1	24.25	0.0123	-0.0077
1998/5/29	2	24.36	0.0120	-0.0076
1998/5/29	3	24.45	0.0116	-0.0075
1998/7/31	1	24.84	0.0121	-0.0074
1998/7/31	2	24.91	0.0119	-0.0073
1998/7/31	3	25.05	0.0113	-0.0072
1998/9/30	1	7.02	0.0080	0.0022
1998/9/30	2	29.36	0.0118	-0.0064
1998/9/30	3	29.63	0.0113	-0.0063
1998/11/30	1	2.71	0.0064	0.0028
1998/11/30	2	23.66	0.0147	-0.0076
1998/11/30	3	2.85	0.0063	0.0028
1999/1/29	1	20.65	0.0121	-0.0097
1999/1/29	2	20.59	0.0119	-0.0096
1999/1/29	3	20.47	0.0115	-0.0095
1999/3/31	1	6.67	0.0052	0.0057
1999/3/31	2	22.48	0.0124	-0.0105
1999/3/31	3	6.91	0.0047	0.0058

d) exponential モデル

日付	種	χ^2	σ_0	λ
1998/3/31	1	10.22	0.0069	-0.24
1998/3/31	2	10.29	0.0067	-0.24
1998/3/31	3	11.28	0.0064	-0.25
1998/5/29	1	6.33	0.0083	-0.18
1998/5/29	2	6.84	0.0082	-0.18
1998/5/29	3	6.97	0.0081	-0.18
1998/7/31	1	5.81	0.0089	-0.15
1998/7/31	2	6.14	0.0088	-0.15
1998/7/31	3	6.47	0.0086	-0.16
1998/9/30	1	8.93	0.0092	-0.13
1998/9/30	2	9.48	0.0090	-0.14
1998/9/30	3	9.74	0.0088	-0.14
1998/11/30	1	4.79	0.0080	-0.17
1998/11/30	2	5.57	0.0079	-0.18
1998/11/30	3	4.87	0.0078	-0.18
1999/1/29	1	8.46	0.0085	-0.22
1999/1/29	2	8.47	0.0084	-0.23
1999/1/29	3	9.08	0.0081	-0.23
1999/3/31	1	13.85	0.0079	-0.26
1999/3/31	2	14.01	0.0078	-0.26
1999/3/31	3	14.70	0.0075	-0.27

2.4 HJMモデルのキャリブレーション

さらに，加藤・吉羽（1999）は，次のような実証分析を加えている．すなわち，上記の6通りのボラティリティ関数のうち，1つのパラメータだけを含んだ①~③のモデルは，

$$\sigma(t,T,f(t,T))=\sigma_0 f(t,T)^\gamma \tag{2.48}$$

という「フォワードレートべき乗型ボラティリティ・モデル」にまとめられることを踏まえ，γ（および σ_0）の値をキャリブレーションによって推定する分析である．前述のキャリブレーションでは，(2.48) 式の γ 値を 0，0.5，1 と先験的に仮定して（それぞれ①，②，③のモデルに対応）分析していたことになるが，ここでは事前の制約を設けずに，最適なべき乗値 γ もキャリブレーションによって同時に探す．

報告された結果は，表2.2の通りである．それによると，γ 値は 0.4~0.5 程度である．χ^2 は 2~4 程度であり，市場データに対するフィットの度合いは前の② square root モデルとほぼ同程度である．この結果から，フォワードレートの確率分布は，理論的に扱いやすい③ proportional モデル（対数正規型，$\gamma=1$）や① absolute モデル（正規型，$\gamma=0$）では必ずしもなく，両者の中間的な性質をもつことがあらためて確認されたといえる．

最後に，加藤・吉羽（1999）の結果から得られる主たるインプリケーションをまとめておく．

● HJM モデル（シングルファクター版）では，フォワードレートの確率分布を先験的に対数正規分布ないし正規分布と仮定すると，市場データのフィットを犠牲にすることになる．こうした仮定は，金利デリバティブズのプライシングやリスク管理上必ずしも安全とはいえず，他のモデルを併用するなど慎重な運用を心がけるべきかもしれない．

● 各種のボラティリティ関数を仮定して HJM モデルのキャリブレーションを行った結果，いずれのケースでも市場データとの当てはまりは必ずしもよくなかった．Amin and Morton（1994）でも同様に当てはまりが悪かったとされていることも踏まえると，HJM モデルのキャリブレーションは市場や期間によって不安定であることが示唆されたといえる．したがって，実務上 HJM モデルを使う場合には，パラメータ推定の方法や市場データとの整合性を随時検討することが課題といえる．

表 2.2 フォワードレートべき乗型ボラティリティ・モデルのキャリブレーション結果
(加藤・吉羽 (1999) より)

日付	種	χ^2	σ_0	γ
1998/3/31	1	3.82	0.071	0.46
1998/3/31	2	3.74	0.077	0.48
1998/3/31	3	3.97	0.085	0.51
1998/5/29	1	2.53	0.059	0.40
1998/5/29	2	2.62	0.064	0.42
1998/5/29	3	2.68	0.059	0.41
1998/7/31	1	2.68	0.050	0.36
1998/7/31	2	2.67	0.054	0.38
1998/7/31	3	2.85	0.052	0.38
1998/9/30	1	1.86	0.065	0.40
1998/9/30	2	1.85	0.075	0.43
1998/9/30	3	1.99	0.069	0.42
1998/11/30	1	4.03	0.090	0.51
1998/11/30	2	3.51	0.097	0.52
1998/11/30	3	3.82	0.079	0.48
1999/1/29	1	4.35	0.067	0.42
1999/1/29	2	4.16	0.068	0.42
1999/1/29	3	4.34	0.067	0.42
1999/3/31	1	1.61	0.101	0.44
1999/3/31	2	1.60	0.106	0.46
1999/3/31	3	1.70	0.108	0.47

2.5 終 わ り に

第2章では,金利デリバティブズ(特に,非プレーン商品)のプライシングに利用されるイールドカーブ・モデルについて解説を行った.モデルのバリエーションや利用実態などについて概説した後,具体例としてハル-ホワイト・モデルに焦点を当てて,モデルの構造やプライシング面での特徴点を整理した.さらに,イールドカーブ・モデルを利用する際のキーとなるキャリブレーションの方法について詳しく説明をした.まず,ハル-ホワイト・モデルなどに適用される三項格子法をとりあげ,市場データからアロー-デブリュー証券価格を推定してモデルのトレンド関数・ボラティリティ関数を作りあげていく方法を具体的に解説した.また,モンテカルロ・シミュレーションによる計算

をベースに，HJM モデルのボラティリティ関数のキャリブレーションを試みた研究例を紹介した．

イールドカーブ・モデルについては，その理論的側面を詳細に述べた解説書はこれまでにも数多くみられるが，実務的な活用を展望すると，それだけの情報では必ずしも十分ではない．本章で強調したキャリブレーションの方法論や，実際のデータとモデルのフィッティング，さらにプライシング時の計算負担といった要素を総合的に理解しておくことが重要である．その意味では，本章の内容にも，まだ足りない部分が多く残されている．結局，必要な技術をすべて習得するには，実務を通じた体験を積むしかないと思われるが，そうした場面に直面する前の基礎知識を本章から得ていただけたならば幸いである．

2.A 補論：ブラック-ダーマン-トーイ・モデルの解説と計算例

この補論では，ブラック-ダーマン-トーイ・モデル（以下，BDT モデル）に関する具体的な解説を行う．第 2 章では，イールドカーブ・モデルに関連した問題を包括的に整理する上でハル-ホワイト・モデルと HJM モデルを材料としてきたが，その他のモデルの具体例をみることも有益であろうから，追加的に BDT モデルについて説明しておきたい．

BDT モデルは，金利を原資産とするオプション（キャップ，フロア，スワップションなど）をプライシングするイールドカーブ・モデルの 1 つである．このモデルは，開発当時ゴールドマン・サックス証券に在籍していた 3 人の研究者によって，当初は社内用に開発されたものといわれているが，1990 年に一般誌に発表され（Black, Derman and Toy (1990)），以後比較的広く利用されるようになった．

BDT モデルは，二項格子法を用いる無裁定モデルであることから，第 2 章の解説からもわかるように，実務上利用しやすいモデルの 1 つである．将来の短期金利を予測するために，現時点の金利の期間構造に加え，金利のボラティリティの期間構造もインプット・データとして使用する．これら市場データとの整合性を保ちつつ無裁定条件とモデルの前提条件（特に，短期金利の変化が対数正規分布に従うとの仮定）とを組み合わせることにより，将来の短期金利

を二項分布の形式でモデル化する.得られた二項分布を用いて金利オプションをプライシングする手順は,ハル-ホワイト・モデルの場合と同様の考え方に基づく.

以下の解説の中でBDTモデルの特徴点を明らかにするが,あらかじめそれらについて整理しておくと次の通りである.

〔BDTモデルの長所〕
① 実用化が容易な二項分布によりモデル化され,アメリカン・オプションが取り扱えるほか,経路独立であればエギゾティック・オプションの取扱いも可能である.
② ボラティリティの期間構造(一般に,短期のスポット・レートのボラティリティが長期のそれより大きいという性質)を織り込むことができる.
③ 対数正規過程の採用により,将来の短期金利が負になる可能性を排除している.一般に,正規過程に従う金利モデルでは負の金利が発生する可能性を排除できないため,状況によっては計算精度が悪化するが,BDTモデルではそのような懸念がない.
④ 金利の平均回帰性(mean reversion)を織り込んでいる.

〔BDTモデルの短所・限界〕
① 債券・オプション価格を解析的に表す式が存在しない.このため,デルタ,ガンマ,ベガなどのリスク指標についても解析的な計算は不可能であり,条件を変えた再プライシングが必要となるので,計算にやや手間がかかる.一方,既にみたように,ハル-ホワイト・モデルでは,割引債や割引債のヨーロピアン・オプションについて解析解が存在していた.
② 金利の平均回帰性の強弱を完全に自由には決定できない(短期金利変動のボラティリティ関数に依存してしまう).
③ 経路依存性をもつオプションを扱うことはできない(ただし,これは,二項モデルに共通の限界であり,BDTモデルに固有の短所とはいえない).

2.A.1 BDTモデルの枠組みと数値例

2.A.1項では,BDTモデルによって将来の短期金利の二項分布を作成する

手順とその理論的背景について説明する．あらためて BDT モデルの枠組みを整理すると次の通りである．

〔モデルの仮定〕
① 短期金利の変動幅が対数正規分布に従うとする．換言すれば，短期金利の変化率が正規分布に従う．このとき，そのボラティリティが一定である必要はない．
② 無裁定条件（リスクをとらない純粋な裁定取引から利益を得ることは不可能）を満足する．この結果，リスク中立確率に従う二項分布が定義可能となる．
③ 便宜的に，リスク中立確率が常に 1/2 であると仮定することが多い[*40]．
④ 税金，取引コストは存在しない．

〔入力情報〕
① 現時点における各期間のスポット金利（金利の期間構造）．
② 現時点における各期間のスポット金利の変化率のボラティリティ（ボラティリティの期間構造）．

〔出力情報〕
将来の短期金利（下例では半年金利）の二項分布．

次に，BDT モデルにより将来の短期金利を予測する数値例を示そう．まず，現時点の市場データから表 2.3 の通りゼロ・イールド $R(T)$（単位：%）とそのボラティリティ $\sigma(T)$（単位：%）に関する情報が得られたと仮定する[*41]（以下期間は半年ごと）．ここで，割引債の価格 $P(T)$（単位：円）は，$R(T)$ から，$P(T)=100/(1+R(T)/2)^{2T}$ という関係式によって計算さ

[*40] 一般的には，リスク中立確率を時間に依存する関数として定義した上，金利オプションの市場価格情報から逆算してこの関数を推定するといったスキームを採用可能である．こうして求めたリスク中立確率は任意の時間で 1/2 に近い値をとることが経験的にわかっている（筆者が試算したケースでも，0.49 程度であった）ので，簡便性の観点から，はじめにリスク中立確率を 1/2（定数）と仮定するケースが多いようである．

[*41] この例では，10 期間（半年ごとの 5 年間）に対応して 10 種類のボラティリティを得る必要がある．そのためには，bid と offer の乖離が小さく流動性の高い金利オプション商品から 10 種類（以上）の市場価格を得ればよい．しかしながら，日本の金利オプション関連の市場では，これだけ多数の市場価格を得られないケースもある．こうした状況での対応としては，例えば 7 種類の市場価格のみしか得られない時には 7 種類のインプライド・ボラティリティによって期間構造を描き，残る 3 つのボラティリティを補間によって推定するといった方法がありうる．

表2.3 入力情報(ゼロ・イールドと同ボラティリティ)の例

T(年)	0.5	1.0	1.5	2.0	2.5	3.0	3.5	4.0	4.5	5.0
$R(T)$	2.284	2.539	2.790	3.050	3.310	3.570	3.800	3.990	4.130	4.230
$\sigma(T)$	47.59	42.43	42.14	41.30	40.31	38.89	37.19	35.36	33.94	32.24
$P(T)$	98.87	97.51	95.93	94.13	92.12	89.93	87.66	85.38	83.20	81.12

れている.

この情報から,将来の短期金利(ここでは半年金利)の二項ツリーを組み立てる.まず,現時点 $t=0$ での短期金利は表2.3の $R(0.5)=2.284\%$ に等しい.

次に求めるのは,0.5年後($t=0.5$時点)において短期金利がとりうる2つの水準(r_u, r_d とする)である(図2.8a).方法としては,2未知数 r_u, r_d が満たすべき条件を2つ導くことにより,2元連立方程式を解く要領でその値を決定する.このために,まず,1年物割引債価格の二項ツリー(図2.8b)から考える.リスク中立法によれば,一般に,ある時点 t における残存期間 T(満期 $t+T$)の割引債価格 $P(T)$ は,次期(半年後,すなわち時点 $t+0.5$)においてとりうる価格 $P_u(T-0.5), P_d(T-0.5)$ のリスク中立期待値を無リスク短期金利 $r(t)$ によって1期割り引いた値となる.リスク中立確率を1/2と仮定しているので,この関係は,

$$P(T) = \frac{\frac{1}{2}P_u(T-0.5) + \frac{1}{2}P_d(T-0.5)}{1+r(t)} \quad (2.49)$$

と表される.(2.49)式を用いると1年物割引債の現在価格を満期(価格は100.00で確定的)からさかのぼって計算できる(図2.8b).ただし,図2.8bで $P(1), P_u(0.5), P_d(0.5)$ はいずれも r_u, r_d の関数である.図2.8cは,図2.8bにおける各期の割引債価格をゼロ・イールドに変換したツリーであるが,こ

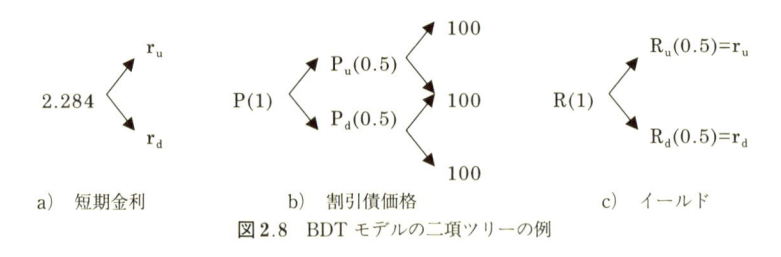

a) 短期金利　　　b) 割引債価格　　　c) イールド

図2.8 BDTモデルの二項ツリーの例

うして得られた $R(1)$ がモデル上のゼロ・イールド理論値である．この $R(1)$ は r_u, r_d の関数であるが，これが市場データから得られた金利 2.539% に等しいというのが第 1 の条件である．

次に導く第 2 の条件は，現時点における 1 年物ゼロ・イールドの変化率のボラティリティに関するものである．BDT モデルでは，図 2.8c で表される T 年物（ここでは $T=1$）ゼロ・イールドの変化率のボラティリティ $\sigma(T)$ を (2.50) 式[*42] により定義する．

$$\sigma(T)\sqrt{\Delta t} = \frac{1}{2}\log\frac{R_u(T-\Delta t)}{R_d(T-\Delta t)} \tag{2.50}$$

ここでは $T=1$, $\Delta t=0.5$ であるから

$$\sigma(1)\sqrt{0.5} = \frac{1}{2}\log\frac{R_u(0.5)}{R_d(0.5)} = \frac{1}{2}\log\frac{r_u}{r_d}$$

である．したがって，$\sigma(1)$ は結局 r_u, r_d の関数であり，これが市場データから得られた 1 年物ゼロ・イールドの変化率のボラティリティ 42.43% に等しいというのが第 2 の条件となる．

これで 2 つの未知数 r_u, r_d が満たすべき条件が 2 つ揃ったので，r_u, r_d の解を決定できる．実際には，試行錯誤（try and error）法やニュートン-ラフソン（Newton-Raphson）法などにより，上記 2 条件を満足する解を探すことができる．図 2.9 に示すように，表計算ソフト上で try and error によって解を探したところ，$r_u=3.610\%$, $r_d=1.980\%$ となった．なお，図 2.9 は順に，割引債価格（Price），同割引債のゼロ・イールド（Zero yld），将来時

[*42] (2.50) 式は，二項ツリーの枝分かれ数が無限回に増える（換言すれば，ツリーのインターバル Δt〈本例では 0.5 年〉が無限小になる）極限において，対数正規分布に従う金利の変化率のボラティリティを与える理論式である．しかし，BDT モデルが仮定する条件（短期金利の変化幅についての対数正規性）の下で，追加的に，「ゼロ・イールド $R(T)$ ($T>0$) の変化率も対数正規分布に従う」という仮定を置くことはできないことがわかっている（「対数正規分布に従う変数の線形結合は，対数正規分布には従わない」との命題により証明可能）．したがって，BDT モデルで本式が採用されているのは，理論上やや不整合であることを否めない．ただし，ゼロ・イールドの変化率の分布は対数正規分布にかなり近く，現実にはそのボラティリティは近似的に本式に従っているので，多くのケースではこの手法を用いても大きな問題とはならないといわれている．

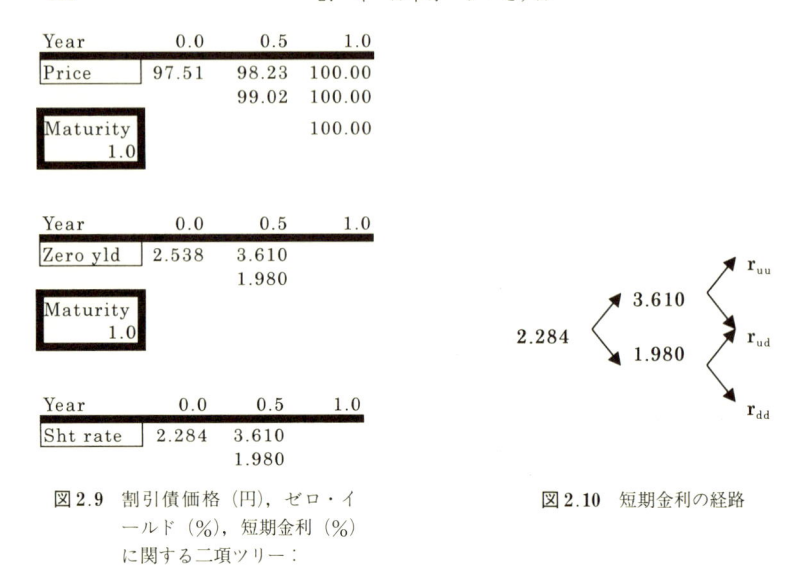

```
Year      0.0     0.5     1.0
Price    97.51   98.23  100.00
                 99.02  100.00
Maturity                100.00
   1.0
```

```
Year      0.0     0.5     1.0
Zero yld 2.538   3.610
                 1.980
Maturity
   1.0
```

```
Year      0.0     0.5     1.0
Sht rate 2.284   3.610
                 1.980
```

図 2.9 割引債価格（円），ゼロ・イールド（%），短期金利（%）に関する二項ツリー：0.5 年後の短期金利の計算

図 2.10 短期金利の経路

$$2.284 \nearrow\searrow \begin{matrix}3.610\\ 1.980\end{matrix} \nearrow\searrow \begin{matrix}r_{uu}\\ r_{ud}\\ r_{dd}\end{matrix}$$

点の短期金利（Sht rate）に関する二項ツリーである．

さらに，ほぼ同様のプロセスによって，$t=1.0$ において短期金利がとりうる3通りの値（r_{uu}, r_{ud}, r_{dd} とする）を決めることができる（図 2.10）．今回は3つの未知数があるので3つの条件が必要となるが，そのうち2つは $t=0.5$ の場合に用いたのとまったく同じ方法を使う．すなわち，第1には，1.5年物割引債価格の二項ツリーを考えることにより，1.5年物スポット・レートの水準を r_{uu}, r_{ud}, r_{dd} の関数として捉えた上で，これが現在の市場で観測されるレート $R(1.5)=2.790\%$ と等しくなるようにする条件，第2には，(2.50) 式によって表される1.5年物スポット・レートの変化率のボラティリティが現在の市場で観測される水準（42.14%）と等しくなるようにする条件である．さらに，新たに第3の条件として考えるのは，短期金利の変化率のボラティリティは時間のみに依存し短期金利の水準には依存しないという条件である．これを図 2.10 でみると，$r(0.5)=3.610\%$ のパスをたどる場合と $r(0.5)=1.980\%$ のパスをたどる場合とで，それぞれのボラティリティが一致しなければならないので，(2.50) 式によって，

2.A 補論:ブラック-ダーマン-トーイ・モデルの解説と計算例

$$\frac{1}{2\sqrt{0.5}} \log \frac{r_{uu}}{r_{ud}} = \frac{1}{2\sqrt{0.5}} \log \frac{r_{ud}}{r_{dd}} \tag{2.51}$$

となり,$r_{ud}^2 = r_{uu} \cdot r_{dd}$ を得る.

以上で条件が3つそろったので,r_{uu},r_{ud},r_{dd} を決定できる.図2.11に示すように,表計算ソフト上で try and error によって解を探したところ,$r_{uu}=5.485\%$,$r_{ud}=3.030\%$,$r_{dd}=1.674\%$ となった.なお,図2.11は順に,割引債価格 (Price),同割引債のゼロ・イールド (Zero yld),将来時点の短期金利 (Sht rate) に関する二項ツリーである.

$t=1.5$ 以降の短期金利も,同様の手順を繰り返すことによって求められる.将来に進むにつれて実現可能な金利水準の数が増えるので,「短期金利の変化率のボラティリティは時間のみに依存し短期金利の水準には依存しない」という条件を満足させるには,$t=1.0$ の際に考えた $r_{ud}^2 = r_{uu} \cdot r_{dd}$ という形の条件を複数回適用する必要がある.一般に t 時点における未知数は $(2t+1)$ 個存在するが,これに対し,$t=1.0$ の際に考えた第1,第2の条件に加え,第3の条件 ($r_{ud}^2 = r_{uu} \cdot r_{dd}$) を $(2t-1)$ 回与えることにより,すべての未知数を決定す

Year	0.0	0.5	1.0	1.5
Price	95.93	96.18	97.33	100.00
		97.87	98.51	100.00
Maturity 1.5			99.17	100.00
				100.00

Year	0.0	0.5	1.0	1.5
Zero yld	2.789	3.930	5.485	
		2.165	3.030	
Maturity 1.5			1.674	

Year	0.0	0.5	1.0	1.5
Sht rate	2.284	3.610	5.485	
		1.980	3.030	
			1.674	

図2.11 割引債価格(円),ゼロ・イールド(%),短期金利(%)に関する二項ツリー:
1.0年後の短期金利の計算

ることが可能となる．こうして求めた短期金利の二項ツリーの計算結果は図2.12の通りである．

2.A.2 金利オプションのプライシング例

2.A.1 項において BDT モデルにより将来の短期金利の二項分布（図2.12）が求められたので，その結果を用いて各種金利オプションをプライシングすることが可能である．いったん短期金利の二項分布が得られれば，その先のプライシングの手順は，基本的にハル-ホワイト・モデルで解説した考え方と同様である．ここでは，実例としてスワップションのプライシングを行いながら具体的に解説する[*43]．

図2.12 の二項ツリーを前提として，次のようなスワップションをプライシングしてみよう．

- 期間：　　　　　2 yr into 3 yr
- タイプ：　　　　right to pay
- 行使レート：　　4.0%
- 想定元本：　　　100 億円

このスワップションは，内容が事前に定められた金利スワップ（2 年後スタート 3 年間継続，想定元本 100 億円〈固定〉，固定金利 4.0%〈年率〉支払い，変動金利 6 m LIBOR 受取り，受払い半年ごと）を 2 年後に約定する権利を売買するヨーロピアン・オプションである．プライシングの手順としては，リス

Year	0.0	0.5	1.0	1.5	2.0	2.5	3.0	3.5	4.0	4.5
Sht rate	2.284	3.610	5.485	8.020	11.445	14.756	17.850	19.345	19.989	20.590
		1.980	3.030	4.550	6.624	8.985	11.332	12.983	13.990	14.840
			1.674	2.581	3.834	5.471	7.194	8.713	9.791	10.696
				1.464	2.219	3.331	4.567	5.848	6.853	7.709
					1.284	2.028	2.899	3.925	4.796	5.556
						1.235	1.841	2.634	3.357	4.004
							1.169	1.768	2.349	2.886
								1.186	1.644	2.080
									1.151	1.499
										1.081

図 2.12　将来の短期金利の二項ツリー（単位：%）

[*43] ここでみるプライシングの手法は，金利フロア・カラーやスワップションなどの商品についてもほぼ同様に適用可能である．重要な点は，計算のバックグラウンドとなるリスク中立法の考え方を理解することである．そのエッセンスについては，例えば Hull (2000) などを参照されたい．

ク中立法の考え方に従って $t=2$ 時点の各状態における当該スワップの価値を算出し,次にその割引現在期待値を求める.

図2.12をみると,オプションの行使期日である $t=2$ 時点では5通りの状態が実現可能である.この中から例として $r(2)=6.624\%$ となる状態をとりあげると, $t=2$ 時点におけるスワップ価値は, $r(2)=6.624\%$ の地点から出発する二項ツリー(図2.13の陰影部)上で当該スワップから発生するキャッシュフローの割引期待値を計算すればよい.図2.14は,各期 (t),各状態におけるキャッシュフローを決済時点 $(t+1)$ から1期割り引くことにより(図2.13上の金利で割引), t 時点での価値「100億円×$(r-4.0)/100$×$(6/12)/(1+r/200)$」として表現したツリーである.さらに,リスク中立確率として1/2,割引レートとして図2.13上の金利を用い,Cox-Ross-Rubinsteinの方法(コックス・ルービンシュタイン(1988)参照)に従って図2.14で得たキャッシュフローの割引期待値を算出したものが図2.15である.ただし,図2.15は累積ベース(各地点から出発する二項ツリー上のすべてのキャッシュフローを割

Year	2.0	2.5	3.0	3.5	4.0	4.5
	11.445	14.756	17.850	19.345	19.989	20.590
	6.624	8.985	11.332	12.983	13.990	14.840
	3.834	5.471	7.194	8.713	9.791	10.696
	2.219	3.331	4.567	5.848	6.853	7.709
	1.284	2.028	2.899	3.925	4.796	5.556
		1.235	1.841	2.634	3.357	4.004
			1.169	1.768	2.349	2.886
				1.186	1.644	2.080
					1.151	1.499
						1.081

図2.13 短期金利 $r(t)$ の二項ツリー($t=2$ 時点以降,単位:%)

Year	2.0	2.5	3.0	3.5	4.0	4.5
Cashflow	3.521	5.008	6.358	6.996	7.268	7.521
	1.270	2.385	3.469	4.218	4.668	5.046
	-0.082	0.716	1.542	2.258	2.761	3.178
	-0.881	-0.329	0.277	0.898	1.379	1.786
	-1.349	-0.976	-0.542	-0.037	0.389	0.757
		-1.374	-1.070	-0.674	-0.316	0.002
			-1.407	-1.106	-0.816	-0.549
				-1.399	-1.168	-0.950
					-1.416	-1.241
						-1.452

図2.14 キャッシュフロー(一期割引ベース,単位:億円)

り引いた価値の期待値) で表示されている．したがって，上例の $r(2)=$ 6.624% の状態におけるスワップ価値をみるには，図 2.15 中の陰影部の二項ツリーに注目すればよく，8.390 億円との価値を得る．

このように，図 2.15 の最も左側のコラムは，$t=2$ の各状態におけるスワップ価値を表す．価値が正の場合にはオプションが行使され，負の場合には行使されない．したがって，$t=2$ におけるオプションのペイオフは図 2.16 の最も右側のコラムの通りである．図 2.16 の二項ツリー上において，再び Cox-Ross-Rubinstein の方法によりこのペイオフの割引期待値を計算することにより，最終的にスワップションの現在価格 3.600 億円を得る．

以上のように金利オプションのプライシングができれば，デルタ，ガンマ，ベガなどのリスク指標を算出することも容易である．2.A.1 項のはじめに BDT モデルへの入力情報として現行スポット金利の期間構造と同ボラティリティの期間構造を与えていたが，このうちの 1 つの数字を仮想的に微小量増加させた上で再び同一商品をプライシングし，元の価格からの変化率を算出すればよい．例えば，1 年物ゼロ・イールド $R(1)$ を 2.539% から 1 bp 増加させて 2.549% と置いて価格の変化率を算出することにより，1 年物ゼロ・イールドに対するデルタを得られる．

Year	2.0	2.5	3.0	3.5	4.0	4.5
Exp.Disc	17.520	19.099	18.942	16.794	12.980	7.521
Value	8.390	10.501	11.317	10.621	8.511	5.046
(Accum.)	1.864	4.212	5.643	5.964	5.126	3.178
	-2.656	-0.246	1.540	2.534	2.608	1.786
	-5.727	-3.343	-1.372	0.048	0.759	0.757
		-5.469	-3.412	-1.731	-0.585	0.002
			-4.830	-2.995	-1.557	-0.549
				-3.889	-2.255	-0.950
					-2.755	-1.241
						-1.452

図 2.15 キャッシュフロー割引期待値 (累積ベース，単位：億円)

Year	0.0	0.5	1.0	1.5	2.0
Swaption	3.600	5.610	8.501	12.456	17.520
Value		1.673	2.922	5.013	8.390
			0.456	0.920	1.864
				0.000	0.000
					0.000

図 2.16 スワップションの時価 (単位：億円)

なお，ここまでの議論では，原資産が円金利1つであるオプション商品を取り扱ってきた．これに対し，第1章で紹介したコリレーション・デリバティブズのように，複数の原資産（複数の通貨の金利が原資産）をもつオプション取引をプライシングするには，ファクター間の相関まで考慮した複数個の二項ツリーを描くとか，多項ツリーを描くといったモデルの拡張が必要となる．

2.A.3　連続時点型の BDT モデル

BDT モデルについては，実用面からも理論面からも，上でみたように二項分布による離散時点型モデルとして捉えるのが自然である．しかし，他のイールドカーブ・モデル同様に，BDT モデルを連続時点型に展開し直せることがこれまでの研究から判明している．ここではその結果（例えば，Duffie (1996) を参照）のみを示すことにすると，BDT モデルにおける短期金利 r の連続時点型表現式は，

$$r = U(t) \cdot e^{\sigma(t)z(t)} \qquad (2.52)$$

である．ここで，$U(t), \sigma(t)$ は，$t=0$ におけるスポット・レートおよびその変化率のボラティリティの期間構造と整合的に決定される関数，$z(t)$ は標準ブラウン運動に従う変数（微小時間 Δt に対する変化 Δz が $\varepsilon\sqrt{\Delta t}$ で定義される変数〈ε は標準正規変数〉）である．さらに，(2.52) 式を変形すると，次のように短期金利（ln 型）の変化を表す確率過程として表現できる．

$$d(\ln r) = \left[\theta(t) + \frac{\sigma'(t)}{\sigma(t)} \log r\right] dt + \sigma(t) dz \qquad (2.53)$$

あるいは，

$$dr = \left[\theta(t) + \frac{1}{2}\sigma(t)^2 + \frac{\sigma'(t)}{\sigma(t)} \log r\right] \cdot r \cdot dt + \sigma(t) \cdot r \cdot dz \qquad (2.54)$$

ただし，

$$\theta(t) \equiv \frac{U'(t)}{U(t)} - \frac{\sigma'(t)}{\sigma(t)} \log U(t)$$

ここで $\theta(t)$ は，$U(t)$，$\sigma(t)$ から生成されているから，やはり $t=0$ におけるスポット・レートおよびそのボラティリティの期間構造と整合的に決定さ

れる.

(2.54) 式をみると，2.A 節の冒頭に整理したような BDT モデルの各種特徴点をあらためて確認できる．具体的には，次の通りである．

① 短期金利の変化が対数正規分布に従う（離散時点型の理論で仮定した通り）．
② 短期金利変化率のボラティリティ $\sigma(t)$ に時間依存性を許容している．これにより，いわゆるボラティリティの期間構造をモデルにとり込んでいる．
③ 金利の平均回帰性（mean reversion）の効果を含んでいる．

このうち③を確かめるには，(2.54) 式を次のように変形すればよい．

$$\frac{dr}{r} = \frac{-\sigma'(t)}{\sigma(t)} \cdot \left[\left\{ \frac{\theta(t)\sigma(t)}{-\sigma'(t)} + \frac{\sigma(t)^3}{-2\sigma'(t)} \right\} - \log r \right] \cdot dt + \sigma(t) \cdot dz$$

$$= \frac{-\sigma'(t)}{\sigma(t)} \cdot [\log \bar{r} - \log r] \cdot dt + \sigma(t) \cdot dz \tag{2.55}$$

$$\bar{r} \equiv e^{\frac{\theta(t)\sigma(t)}{-\sigma'(t)} + \frac{\sigma(t)^3}{-2\sigma'(t)}}$$

(2.55) 式から，r の確率過程は，長期平均を $\bar{r}$ とし調整速度を $\dfrac{-\sigma'(t)}{\sigma(t)}$ とする平均回帰性を有することがわかる．ここで，長期平均金利と調整速度はともにボラティリティ関数に依存している．したがって，平均回帰の構造を完全に自由にはモデル化できないという制約が存在することもわかる．

なお，BDT モデルでは，債券や標準的債券オプションなどの価格を解析的に算出することが不可能である．第 1 章，第 2 章で解説したように，一般に，将来時点 T においてキャッシュフロー f_T が発生する証券の現在価値 f_t は，

$$f_t = \hat{E}[e^{-\int_t^T r \cdot dt} \times f_T] \tag{2.56}$$

によって与えられる（$\hat{E}$ はリスク中立確率によって期待値をとるオペレータ）．BDT モデルでは，(2.54) 式において $\theta(t)$ や $\sigma(t)$ が初等関数ではないことから，(2.53) 式の確率過程と関数 f_T を (2.56) 式に代入して計算を試みても，解析解を得ることはできない．このため，プレーン商品ですら，価格

の解析解を求めることができないのである.

参 考 文 献

加藤敏康・吉羽要直,「金利派生商品モデルの実務的活用について」, IMES Discussion Paper Series, No. 99-J-24, 日本銀行金融研究所, 1999, 7月.

木島正明,『ファイナンス工学入門 第II部』, 日科技連出版社, 1994.

木島正明,『期間構造モデルと金利デリバティブ』, 朝倉書店, 1999.

コックス. J・M. ルービンシュタイン,『オプション・マーケット』, HBJ出版局, 1988.

Amin, I. K. and J. A. Morton, "Implied Volatility Functions in Arbitrage-Free Term Structure Models." *Journal of Financial Economics,* **35**, 1994 pp. 141-180.

Black, F., "The Pricing of Commodity Contracts." *Journal of Financial Economics,* **3**, 1976, pp. 167-179.

Black, F., E. Derman and W. Toy, "A One-Factor Model of Interest Rates and Its Application to Treasury Bond Options." *Financial Analysts Journal*, January-February, 1990, pp. 33-39.

Black, F. and M. Scholes, "The Pricing of Options and Corporate Liabilities." *Journal of Political Economy*, **81**, 1973, pp. 637-654.

Brace, A., D. Gatarek and M. Musiela, "The Market Model of Interest Rate Dynamics." *Mathematical Finance*, **7**, 1997, pp. 127-155.

Cox, J. C., J. E. Ingersoll and S. A. Ross, "A Theory of the Term Structure of Interest Rates." *Econometrica*, **53**, 1985, pp. 385-407.

Duffie, D., *Dynamic Asset Pricing Theory*. Second Edition, Princeton University Press, 1996.

Heath, D., R. Jarrow and A. Morton, "Bond Pricing and the Term Structure of Interest Rates: A New Methodology for Contingent Claim Valuation." *Econometrica*, **60**, No. 1, 1992, pp. 77-105.

Hull, J., *Options, Futures, and Other Derivative Securities*. Fourth Edition, Prentice Hall, 2000.

Hull, J. and A. White, "Coming to Terms." *Risk*, December 1989-January 1990, pp. 21-25.

Hull, J. and A. White, "Valuing Derivative Securities Using the Explicit Finite Difference Method." *Journal of Financial and Quantitative Analysis*, **25**, March 1990 a, pp. 87-100.

Hull, J. and A. White, "Pricing Interest-Rate Derivative Securities." *Review of Financial Studies*, **3**, April 1990 b, pp. 573-592.

Hull, J. and A. White, "Root and Branch." *Risk*, September 1990 c, pp. 69-72.

Hull, J. and A. White, "New Ways with the Yield Curve." *Risk*, October 1990 d, pp. 13-17.

Hull, J. and A. White, "Modern Greek." *Risk*, December 1990-January 1991, pp. 65-67.

Hull, J. and A. White, "In the Common Interest." *Risk*, March 1992, pp. 64-68.

Hull, J. and A. White, "One-Factor Interest-Rate Models and the Valuation of Interest-Rate Derivative Securities." *Journal of Financial and Quantitative Analysis*, **28**, June 1993, pp. 235-254.

Hull, J. and A. White, "Branching Out." *Risk*, March 1994 a.

Hull, J. and A. White, "Numerical Procedures for Implementing Term Structure Models." Working Paper, Faculty of Management, University of Toronto, 1994 b.

Jarrow, R. A., *Modelling Fixed Income Securities and Interest Rate Options*, McGraw-Hill, 1996.

Kijima, M. and I. Nagayama, "Efficient Numerical Procedures for the Hull-White Extended Vasicek Model." *Journal of Financial Engineering*, 1994.

Miyazaki, K. and T. Yoshida, "Valuation Model of Yield-Spread Options in the HJM Framework." *The Journal of Financial Engineering*, **7**, 1998, pp. 89-107.

Musiela, M. and M. Rutkowski, *Martingale Methods in Financial Modelling*, Springer, 1997.

Nelson, D. B. and K. Ramaswamy, "Simple Binomial Process as Diffusion Approximations in Financial Models." *Review of Financial Studies*, **3**, 1990, pp. 393-430.

Vasicek, O.A., "An Equilibrium Characterization of the Term Structure." *Journal of Financial Economics*, **5**, 1977, pp. 177-188.

Williams, D., *Probability with Martingales*. Cambridge Mathematical Textbooks, 1991.

3

信用リスクのある金融商品のプライシング

　第1章，第2章とデリバティブズのプライシング方法を中心に解説を行った．そこでは，取引相手がデフォルトをおこす可能性については一切捨象した上で，議論を進めてきた．仮に取引相手の信用度が極めて高く，デフォルトを起こす可能性が皆無であるといえるならば，そうした議論は何ら支障をきたさない．しかし現実には，様々な信用度の相手と取引を行う可能性があることから，明示的に取引相手の信用度を考慮した場合にどのようにプライシングがなされるのか考えておくことが重要である．そこで本章では，デリバティブズを含めたあらゆる金融商品を対象として，信用リスクを反映させつつプライシングを行う方法をできる限り一般的に解説することとする．ここでは，商業銀行にとって伝統的な貸出から最先端のデリバティブズまで，様々な金融商品に対して適用可能な枠組みを実務的視点および理論的視点の両面から議論していきたい．その中では，1990年代半ばから徐々に取引が増加しているクレジット・デリバティブズについても，主としてプライシング方法の点から解説する．

　ところで，金融商品の価格は，トレーディング業務・バンキング業務を問わず金融ビジネス全般において，経営・営業政策の運営上不可欠な情報である．例えば，商業銀行の本部・営業店間の仕切りレート（行内移転価格）の設定が営業政策上果たす役割や，複雑なデリバティブズを開発・取引する上でのプライシングおよびヘッジ技法の役割などを思い起こせば，プライシングの重要性を理解することは容易である．実際，金融機関は，従来から熱心にプライシング技術の開発・実用化にとり組んできている．ただ，取引相手などの信用リスク（デフォルト可能性の効果）の扱いについてみると，1990年代には，全体としての枠管理などを行うにとどまり，個別取引レベルのプライシングでは比較的粗い近似計算に終わる場合が多かったようである．その背景について考え

ると，まずわが国では信用度の高い相手との取引を前提としたり保守的な有担保原則を基本とするといった取引慣行が長期にわたり続いていたという事情があろうが，このほかに技術的な問題としては，信用リスクの効果を正面から推定しようとするとデフォルトという事象を扱うために高度な確率モデルを用意する必要があり，その開発負担が重かったという面もあろう．しかし，金融数理技術の発展にともない，信用リスクの効果を厳密に扱うプライシング・モデルが提唱され始め，研究者および実務家の間で注目を集めるに至っている．また，銀行業界をとりまく環境変化をみても，特に1990年代の後半以降には，信用リスクを定量的に把握して経営・営業戦略に反映させるインセンティブが強まっているように思われる．例えばわが国では，金融業務自由化の流れの中で競争原理の機能が高まってきていることや，リスク対比リターンに基づくパフォーマンス評価の浸透などの諸要因から，金融取引を締結する上で相手の信用リスクにみあった適正スプレッドを認識する必要性が強まっていると考えられる．

こうした実情を踏まえると，取引相手などの信用リスクを反映させて金融商品の理論価格を算定する各種の方法につき広く理解しようという本章の目標がいかに重要であるか，容易に知ることができる．本章の構成は次の通りである．まず3.1節では，金融機関において信用リスクのプライシングを行うための実務的な考え方を整理する．具体的には，レプリケーションの考え方および割引率に織り込むリスクプレミアムの推定方法の2点を中心に検討する．ここでは，確定的なキャッシュフローをもつ金融商品を対象として，直観的に理解しやすいフレームワークで説明を行う．3.2節では，デリバティブズを含めた任意の金融商品を対象できる一般的なプライシング理論を紹介する．具体的には，先行研究で提唱されてきた各種プライシング・モデルの中から，ジャローとターンブルらによるモデル，ダフィーらによるモデル，ロングスタッフとシュワルツによるモデルの3つに焦点を当て，数理的な解説を行う．3.3節では，クレジット・デリバティブズの理論価格を算定する方法について検討を加える．それまでに示した知識を前提として，各種のクレジット・デリバティブズの類型ごとに，どのようなプライシング方法が有効であるかを議論する．

3.1 信用リスクのプライシングに関する実務的方法論

3.1節では，複雑な理論モデルに立ち入ることなく，信用リスクの効果をとり入れたプライシングを実践する上での基本的な考え方を示す．特に，約定キャッシュフローが確定した金融取引[*1]だけを評価対象とする．プライシングの対象をデリバティブズ取引などに拡張するにはより技術的な議論を避けられないが，それらは3.2節の理論的解説の中で扱われる．

なお，金融機関が基準スプレッドを設定する際には，信用リスクのほかに流動性リスク見合いのプレミアムを勘案するほか，管理会計的な視点からオーバーヘッドなどの諸コストを割り当てたり，営業政策的な視点から総合採算ベースでの調整を加えたりすることがある．本章では，信用リスクの議論に焦点を絞るためにこれらの問題には立ち入らない．しかし，実務的にはこれらの扱いの重要性は，わが国に限らず欧米の商業銀行などでも強く認識されている[*2]ことに注意を要する．

3.1.1 プライシングの基本

信用リスクをとり込んだ金融商品のプライシング方法としては，基本的に，
① レプリケーション（複製）
② 割引（リスクプレミアムを織り込んだ割引レートの推定）

という2通りの考え方がある．両者は，本節だけでなく，本章を通じて議論の主軸となる．割引（将来のキャッシュフローの現在価値化）の考え方自体はよく知られているので，あらためて解説する必要はなかろう．実務上は，割引レートの中に織り込むべきリスクプレミアムの評価方法が論点となり得るが，この問題は3.1.2項で扱う．また，レプリケーションの考え方も，信用リスクを勘案したプライシング上の問題にとどまらず，現代ファイナンス理論全体の根

[*1] 貸出や固定利付債券が該当する一方，スワップ，オプションなどのデリバティブズは含まれない．

[*2] こうした効果を実務的にどのように調整するかについては，例えばBasu and Rolfes, Jr. (1996) などを参照．

幹をなす重要な概念である．これは，取引コストや税効果などを無視し得る世界において，無裁定条件[*3]の成立を仮定した場合，ある取引Aとまったく同一のキャッシュフロー・スケジュールをもつポートフォリオB（A以外の複数個の取引から構成）を想定すると，取引Aの市場価格とポートフォリオBの市場価格（Bを構成する各取引の市場価格の合算値）が常に一致しなくてはならないという原理である．取引Aの価格が未知であるがポートフォリオBを構成する各商品の市場価格がわかっている場合に，ポートフォリオBの価格をもって取引Aの価格とするのがレプリケーション法である．

仮に市場が完備（完備性については後述）であれば，レプリケーションの方法だけによってあらゆる金融商品をプライシング可能である．しかし現実の市場は完備でないため，レプリケーション法だけではプライシングできない金融商品が存在する．これらの理論価格を導出するには，何らかのモデルに基づき推定したリスクプレミアムを使ってキャッシュフローを割り引く必要がある．

次に，レプリケーションと割引の考え方を信用リスクの問題と関連づけて具体的に示す．はじめに，信用リスクがなく将来のキャッシュフロー・スケジュール（現時点からi期先にC_iのキャッシュフローが発生）が確定している[*4]タイプの資産（例えば利付国債）を考える．現時点tにおけるその理論価格P_tは，各キャッシュフローC_iを無リスク金利$R_t^F(i)$で割り引いた現在価値の合算値として，

$$P_t = \sum_{i=1}^{n} \frac{C_i}{[1+R_t^F(i)]^i} \quad (3.1)$$

と表される[*5]．このアナロジーとして，デフォルト可能性がある資産（例えば事業債）の理論価格は，

[*3] 無裁定条件とは，リスクをとることなく利益を稼ぐ（すなわち，裁定の機会がある）ことはできない，という命題である．

[*4] キャッシュフロー・スケジュールが確定しているとは，すべてのC_iが定数で与えられており，他の市場レートなどの将来の動向に依存しないということである．

[*5] 3.1節では，理解の容易さを重視し，離散時間の世界で表記する．ちなみに，(3.2)式を連続時間の世界で表現すると，$P_t = \int_t^T e^{-(s-t) \cdot Rf(s-t)} dC_s$ となる．なお，3.2節では，理論面での扱いやすさを重視し，連続時間の世界での議論を基本とする．

3.1 信用リスクのプライシングに関する実務的方法論

$$P_t = \sum_{i=1}^{n} \frac{C_i}{[1+R_t^F(i)+\rho_t(i)]^i} \qquad (3.2)$$

と書ける．ここで，分母の$\rho_t(i)$はクレジット・スプレッドである．これは，与信先のデフォルト確率（厳密には，累積デフォルト確率）$\Pi_t(i)$，デフォルト時の回収率$\varphi_t(i)$，投資家が要求するリスクプレミアム$\xi_t(i)$といった変数に依存して決まるはずである．その関係をみるには，(3.2)式に代替する表現として，

$$\begin{aligned}
P_t &= \sum_{i=1}^{n} \frac{E[C_i]}{[1+R_t^F(i)+\xi_t(i)]^i} \\
&= \sum_{i=1}^{n} \frac{[\varphi_t(i)\Pi_t(i)+\{1-\Pi_t(i)\}]\cdot C_i}{[1+R_t^F(i)+\xi_t(i)]^i} \\
&= \sum_{i=1}^{n} \frac{[1-\{1-\varphi_t(i)\}\Pi_t(i)]\cdot C_i}{[1+R_t^F(i)+\xi_t(i)]^i}
\end{aligned} \qquad (3.3)$$

と記述可能である[*6]ことが参考になる（$E[\cdot]$は期待値を表す）．(3.2)，(3.3)式を比較すると，

$$\rho_i(i) \cong \pi_t(i) + \xi_t(i) \qquad (3.4)$$

という関係が示される[*7]．ただし，右辺の$\pi_t(i)$は次式により定義される変数であり，回収率調整後のデフォルト確率（年率ベース）と解釈可能である．

$$[1-\pi_t(i)]^i \equiv \varphi_t(i)\Pi_t(i) + [1-\Pi_t(i)] \qquad (3.5)$$

次に，前述したレプリケーション法の具体例を示す．ある事業会社がj期先（$j=1, 2, \cdots, n$）に満期を迎えるn種銘柄の割引債（額面金額は1）を発行している仮想的なケースを考える．各割引債の市場価格D_t^jは，市場での流通

[*6] ここでの代替表現に関する説明は，室町・浅原 (1997) にヒントを得たものである．
[*7] (3.2)，(3.3) および (3.5) 式より，

$$1+R_t^F(i)+\rho_t(i) = \frac{1+R_t^F(i)+\xi_t(i)}{1-\pi_t(i)}$$

の関係を得る．ここで，$0 \leq \pi_t(i) \ll 1$ であることから$\frac{1}{1-\pi_t(i)} \cong 1+\pi_t(i)$とテーラー近似できることに着目すると，

$$\begin{aligned}
1+R_t^F(i)+\rho_t(i) &= \frac{1+R_t^F(i)+\xi_t(i)}{1-\pi_t(i)} \\
&\cong [1+R_t^F(i)+\xi_t(i)]\cdot[1+\pi_t(i)] \\
&\cong 1+R_t^F(i)+\xi_t(i)+\pi_t(i)
\end{aligned}$$

と近似可能であり，(3.4) 式が示される．

価格として観測可能であるとする.このとき,同社が他にどのような債券(ただし満期が n 期以内)を発行するとしても,その理論価格 P_t を導出可能である.具体的には,当該債券の i 期におけるキャッシュフローを C_i として,

$$P_t = \sum_{i=1}^{n} C_i D_t^i \tag{3.6}$$

となる.なぜなら,i 期に満期を迎える割引債を C_i 単位ずつ($i=1, 2, \cdots, n$)集めて構成したポートフォリオは,新たに発行する債券と完全に同一のキャッシュフロー・スケジュールを有するため,レプリケーション(複製)の関係にあるからであり,債券価格は上記ポートフォリオの時価に一致しなければならない.

この例に限ってみれば,同事業会社が実際に n 種類の割引債を発行しており,かつ市場でその時価を観測可能である場合に,市場は完備であるという.このように,市場の完備性と無裁定条件が満たされていれば,レプリケーション法のみによってあらゆる資産をプライシングすることが可能である.

ところで実際の市場では,無裁定条件も市場の完備性も厳密には成り立たない.無裁定条件が成り立たないのは,取引コストや会計・税制などの制度要因など,様々な「摩擦」が市場に存在するからである.本章では,こうした「摩擦」の効果が僅少であるとの近似を前提に,以下無裁定条件の成立を仮定して話を進める[*8].一方,市場の完備性が成り立たないケースとしては,上例において,n 種類の割引債のうちいくつかが発行されていない(または市場で流通していない)場合を想定できる.実際,1つの事業会社が毎期ごとに満期を迎える n 種類の債券を発行しているのは例外的であろう.ここでは,k 期先($1<k<n$)を満期とする割引債が存在しないと想定して,どのような対応が考えられるか検討してみる.欠けている情報は D_t^k であるが,(3.2),(3.3)式によれば理論的には,

---

[*8] こうした「摩擦」の効果を明示的にとり入れたモデルによりプライシングを行う試みも最近では見受けられるが,本章ではこの問題には立ち入らない.

$$D_t^k = \frac{1}{[1+R_t^F(k)+\rho_t(k)]^k}$$
$$= \frac{[\varphi_t(k)\Pi_t(k)+\{1-\Pi_t(k)\}]\cdot 1}{[1+R_t^F(k)+\xi_t(k)]^k} \qquad (3.7)$$

と表現できる．したがって，外生的に，$\rho_t(i)$ ないし $\Pi_t(i)$，$\varphi_t(i)$，$\xi_t(i)$ を推定できれば，D_t^k に関する情報を補うことができる．ここで技術的にポイントとなるのは，各パラメータの推定方法，なかんずく $\xi_t(i)$ の推定方法である．これについては 3.1.2 項で扱う．

なお，あらかじめ断ったように，3.1 節での議論は約定キャッシュフローが確定的である資産（貸出や固定利付債など）のみを対象とした．この場合，将来実現するキャッシュフローを事前に正確には予想できないという意味での不確実性を生み出しているのは，与信先のデフォルト可能性という要素のみである．したがって，各期のデフォルト確率だけを状態変数としてその総数と同数個の相異なる資産について市場価格を知ることさえできれば，市場の完備性が保証されるわけである．しかし，実際の市場には，キャッシュフローがデフォルト確率のほかに各種市場レートなどにも依存する金融商品が数多く出回っている．典型的には，将来の原資産価格（金利，為替レート，株価など）の動きに依存してキャッシュフローが決まる各種デリバティブズ（先物，スワップ，オプションなど）をあげられる．これらの商品をプライシングする場合には，デフォルト確率に加え，各種市場レートにも対応した状態変数を認識する必要があり，その分だけ多種類の資産について市場価格を知ることができなければ市場が完備であるとはいえない．このように考えると，レプリケーション法によってプライシングが可能なのはむしろ例外的なケースであって，実際には，何らかのモデルに基づきリスクプレミアムなどを推定することによって市場完備性を補完する必要がある場合が多いといえる．

3.1.2 割引レート算定のためのリスクプレミアムの推定

3.1.1 項で示したように，レプリケーション法だけではプライシングできない金融商品に対しては，割引レートを推定することによりプライシングを行えばよい．割引レート $R_t(i)$ を無リスク金利，回収率調整後デフォルト確率，

リスクプレミアムの和として

$$R_t(i) \equiv R_t^f(i) + \pi_t(i) + \xi_t(i) \tag{3.8}$$

と定義すると，(3.2)，(3.4) 式から，デフォルト可能性がある債券の価格 P_t は，

$$P_t = \sum_{i=1}^{n} \frac{C_i}{[1+R_t(i)]^i} \tag{3.9}$$

と表される．本項の目的は $R_t(i)$ を算定することであるが，(3.8) 式の右辺各項の中で，① 無リスク金利 $R_t^f(i)$ は国債イールドカーブから算定可能であるほか，② $\pi_t(i)$ も回収率（回収額や償却額などに関するヒストリカル・データから推定）および累積デフォルト確率（信用格付け〈含，行内格付け〉およびデフォルト確率のヒストリカル・データから推定）の推定値に基づき (3.5) 式に従って決定可能である*9)．一方，③ リスクプレミアム $\xi_t(i)$ の推定方法は理論的に必ずしも自明ではない．

このように，割引レートを算定する上でテクニカルな検討が問われる部分は主としてリスクプレミアムの推定方法であることを踏まえ，本項では以下，この問題に焦点を当てる．

実務家の間では，リスクプレミアムの推定方法として，

(1) リスク・キャップ法
(2) ベータ法 (CAPM の応用)

と呼ばれる手法が利用可能であるといわれている．それぞれ，コンセンサスを得た唯一の計算手順が確立しているわけではないようであるが，以下では，各計算方法の一例について順に紹介・解説する．

a．リスク・キャップ法

リスク・キャップ法（またはリスク・キャピタル法）の基本的考え方は次の通りである．金融機関は，経営の健全性を維持するために，保有ポートフォリオのリスクにみあったキャピタル（これをリスク・キャピタル〈risk capital〉と呼ぶ場合がある）を準備しておく必要がある．そのキャピタル保有に

[*9)] 実務上は，デフォルト確率や回収率の推定はヒストリカル・データの制約などもあって決して容易な作業ではないが，ここでは理論的問題に焦点を絞るため，これらの推定方法の問題には立ち入らない．

ともなうコスト (cost of capital) をリスクプレミアムとして認識し,スプレッドに転嫁することによって採算を確保すればよい.

リスク・キャップ法の計算ステップは,
① 対象取引にかかるリスク・キャピタルの算定,
② 資本コストの推定,

の2つからなる.①,②のそれぞれについては,唯一の決まった方法があるわけではない.本章では,比較的理解しやすくかつ市場での利用例が報告されている方法の1つとして,①についてバリュー・アット・リスク (VaR) の計算を,②について CAPM (capital asset pricing model) に依拠した推定を解説する.

すなわち,既存のポートフォリオを P,それに新規取引 i を加えたポートフォリオを $P+i$ と表記すると,後者と前者のリスク・キャピタルの差

$$\mathrm{VaR}(P+i;\phi) - \mathrm{VaR}(P;\phi) \tag{3.10}$$

が,①で算定すべき値である.VaR 算定上の信頼度(パーセンタイルの水準)の設定については,個々の金融機関が自己のリスク選好度(パラメータ ϕ)を反映させて最適な選択をすると考える.また,VaR の計算ロジックそのものについては,特に信用リスクを評価する場合には確立された手法が決まっているわけではなく様々な選択がありうるが[*10],本章では各方法論の比較には立ち入らず,金融機関それぞれが最適と考えた計算方法を採用すると想定する.次に,②の資本コスト推定に当たって実務的にしばしば用いられる方法は,株主が金融機関経営者に要求する所要リターン k_t を CAPM の枠組みで推定するものである[*11].具体的には,

$$k_t = R_t^F + \beta \cdot (R_t^M - R_t^F) \tag{3.11}$$

が算定すべきコスト率である(ここで R_t^M は株式市場全体の収益率を表す).
(3.11) 式において,β は金融機関自身の株価にかかるベータ値であり,通常

[*10] 信用リスクをとり込んだ VaR の計算方法については,本書の姉妹書『金融リスクの計量分析』の第 2 章で解説している.そのほかに,池森 (1997),小田・村永 (1996),J. P. Morgan & Co. (1997) なども参照.J. P. Morgan & Co. (1997) は,VaR 計算上の諸過程において様々な選択肢や考え方がありうることを包括的に整理している.

[*11] この考え方は,多くの標準的な解説書で示されている.例えば,Basu and Rolfes, Jr. (1996) を参照.

は過去の株価収益率の時系列データをマーケットリスク・プレミアムに対して回帰分析することによって推定される．(3.10) 式および (3.11) 式より，取引 i に対する所要リスクプレミアム額（金額ベース）は，

$$k_t \cdot [\text{VaR}(P+i;\phi) - \text{VaR}(P;\phi)] \qquad (3.12)$$

と求められ，これを取引 i の元本で除せば，(3.8) 式におけるリスクプレミアム ξ_t を得る．これを実際に計算する上での技術的な問題は，いかに VaR を定義し計量するかにあるが，この点については 3.1.3 項の議論とも関係する．

b．ベータ法（CAPM 法）

ベータ法は，従来株式市場に対して適用されてきた CAPM の考え方をクレジット市場（主として信用リスクを有する債券の市場）に適用することによってリスクプレミアムを推定しようとするものである．こうした分析については，信用スプレッドを対象とする投資戦略の策定やリスク・コントロールを行う上で有効であるとの報告がなされている[12]ほか，本項と同様リスクプレミアムの推定を目的とした応用例も報告されている[13]．CAPM の枠組みでは，市場参加者が株式資産に分散投資を行う結果としてアンシステマティック・リスクに対するリスクプレミアムの存在が否定されることとなるが，この考え方を本項の文脈に応用すれば，信用リスクについてもシステマティックな部分だけに着目してリスクプレミアムを推定すればよいと解釈できる．

具体的な計算をみるには，まず，分析対象商品 i の収益率（リターン）$\tilde{R}_t^i$ の期待値 $E_t[\tilde{R}_t^i]$ を CAPM に従って次のようにモデル化する．

$$E_t[\tilde{R}_t^i] - R_t^F = \beta_i (E_t[\tilde{R}_t^M] - R_t^F) \qquad (3.13)$$

ただし，$\beta_i \equiv \dfrac{cov(\tilde{R}_t^i, \tilde{R}_t^M)}{\sigma_{R_t^M}^2}$，$\tilde{R}_t^M =$ ベンチマーク市場の収益率

通常の標記に従い，リスクの市場価格（market price of risk）を

---

[12] 例えば，Karagiannis (1994), Litterman and Winkelmann (1996) を参照．特に，Litterman and Winkelmann (1996) は，米国の大手証券会社のゴールドマン・サックスが自社ポートフォリオのマーケット・リスクの測定およびコントロールを行うために実際に利用している考え方 (market exposure と呼ばれる概念) を紹介しているが，その背景にある論理は，CAPM と同様であると考えられる．

[13] 例えば，Hurley and Johnson (1996) を参照．

$$\frac{E_t[\tilde{R}_t^M] - R_t^F}{\sigma_{R_t^M}} \equiv \lambda_t \tag{3.14}$$

と表すと，(3.13) 式は，

$$E_t[\tilde{R}_t^i] = R_t^F + \beta_i \cdot \lambda_t \sigma_{R_t^M} \tag{3.15}$$

となる．ここでのリスクとは，与信先のデフォルト可能性にともなうものである．一方，(3.15) 式の左辺はリターンの期待値であるから，約定利回り（＝割引レート）R_t^i から期待損失率（＝回収率調整後デフォルト確率）π_t^i を差し引くことにより，

$$E_t[\tilde{R}_t^i] = R_t^i - \pi_t^i \tag{3.16}$$

と表される．(3.15)，(3.16) 式より，R_t^i は，

$$R_t^i = R_t^F + \pi_t^i + \beta_i \cdot \lambda_t \sigma_{R_t^M} \tag{3.17}$$

となる．したがって，リスクプレミアム ξ_t^i は，(3.17)，(3.8) 式より，

$$\xi_t^i = \beta_i \cdot \lambda_t \sigma_{R_t^M} \tag{3.18}$$

となる．この値は，ベンチマーク市場および当該債券 i のリターンに関するヒストリカル・データから $\lambda_t \sigma_{R_t^M}$ および β_i を推定することにより算定できる．

3.1.3 公正価格と採算価格

a. 公正価格と採算価格の相違点

3.1.2 項までは，金融商品の価格の意味を厳密に定義することなく議論を進めたが，本章の目的に照らすと，

① 公正価格（fair price）

② 採算価格（break even price）

の両者をはっきり区別しておくことが重要である．オーバーヘッド・コスト（間接費用）などを捨象するという本章の仮定のもとでは，①，②の最大の相違点は，プライシングの過程でリスクプレミアムを算定する際に，システマティック・リスクだけを対象とするか（上記①に対応），アンシステマティック・リスクまでを含めるか（上記②に対応）にあるといえる．株式資産に関する CAPM と同様に，より一般的なポートフォリオにおいても，システマティック・リスクとは，完全に分散投資されたポートフォリオを有する市場参加者が価格決定力をもつと想定した場合のリスクであると定義できる．一方，ア

ンシステマティック・リスクとはポートフォリオが分散されていないことにともなうリスクである．

　3.1.2項で示した手法との対応をみると，ベータ法（CAPM法）については，定義によりシステマティック・リスクだけを対象として公正価格を算出するものであるといえる．一方リスクキャップ法については，原則として採算価格を計算する方法であると位置付けられる．これは，リスクキャップ法においてVaRを算定する際に，個々の市場参加者に特有の情報（例えば，資本コスト，リスク選好度，ポートフォリオの分散状況〈換言すればアンシステマティック・リスクの状況〉）を反映させることからも明らかである．

　ここで，① 公正価格と ② 採算価格の経済的な意味と用途を簡単に整理しておく．公正価格は，市場参加者全体の需給を反映した価格であると解釈できる．具体的には，公正価格は，市場流動性が高い商品については時価（市場価格）と同義である一方，市場流動性が低い商品については当該時点で潜在的に取引可能な価格をプライシング・モデルなどにより推定した値である．一方，採算価格は，商品の市場流動性のいかんにかかわらず，個々の市場参加者が当該金融商品を売る（買う）場合に採算が合うための最低（最高）価格である．採算を評価するには当該取引にかかる予想利益が問題となるが，デフォルト可能性など将来のキャッシュフローに不確実性（リスク）を及ぼす要素が内在するため，リスクにみあう資本を有するためのコストも採算評価に反映させる必要がある．ここでいうリスクは，個々の市場参加者のポートフォリオの内容やリスク選好度などに依存するものであるから，採算価格も，これらの要素に依存する．

　①と②の使い分けとしては，プライシングの目的がポートフォリオ価値の客観的評価やその周辺問題（例えば，適正貸倒引当金や実質自己資本の推定など）にあるならば①の公正価格を推定・利用すべきであるのに対し，営業戦略上の意思決定（例えば，新規与信の是非）や内部管理（仕切りレートの設定）などの主観的な問題を目的とするならば，②の採算価格を推定・利用すべきであるといえる．

b. システマティック・リスクとアンシステマティック・リスクの解釈

　システマティック・リスクおよびアンシステマティック・リスクの意味につ

3.1 信用リスクのプライシングに関する実務的方法論

いて特に与信ポートフォリオの信用リスクの観点から解釈すれば,システマティック・リスクは信用度変動リスクに,アンシステマティック・リスクは与信集中リスクにそれぞれ対応するといえる(この点については,本書の姉妹書「金融リスクの計量分析」の第2章を参照).この事情を明らかにするために,本節では,潜在的な最大損失額(パーセンタイル値)としてのVaRの代わりにポートフォリオの期待損失額の分散値をリスクの代理変数として,それを上記2種類のリスクへ分離することについて論じた分析を王・佐上(1997)に沿って紹介する.

具体的には,取引先企業 i への与信から発生する損失額を表す確率変数を L_i とし,n 先の与信からなるポートフォリオの損失額 PL (ただし,$PL = \sum_{i=1}^{n} L_i$) の分散 $V[PL]$ をシステマティック・リスクおよびアンシステマティック・リスクに分離する.分析の出発点として,各企業 i の将来のデフォルト確率 $\tilde{\Pi}_i$ は,現時点で評価されたデフォルト確率 Π_i^0 を中心として分散 $(\Pi_i^0 a_i)^2$ をもつ正規分布に従う(厳密にいえば,Π_i^0 の変化率が正規分布に従う)と仮定する.すなわち,

$$\tilde{\Pi}_i = \Pi_i^0 + \Pi_i^0 a_i \cdot \tilde{\varepsilon} \quad (\text{ただし},\ 0 \leq \tilde{\Pi}_i \leq 1)$$
$$E[\tilde{\varepsilon}] = 0,\ V[\tilde{\varepsilon}] = 1 \quad (\tilde{\varepsilon} \text{は標準正規乱数}) \tag{3.19}$$
$$E[\tilde{\Pi}_i] = \Pi_i^0,\ V[\tilde{\Pi}_i] = (\Pi_i^0 a_i)^2$$

と仮定する.また,L_i および L_i^2 の条件付き期待値を $\tilde{\Pi}_i = \Pi_i^0$ のまわりで線形近似することにより,

$$E[L_i | \tilde{\Pi}_i] = E[L_i | \Pi_i^0] + A_i(\Pi_i^0) \cdot \Pi_i^0 \cdot a_i \tilde{\varepsilon}$$
$$E[L_i^2 | \tilde{\Pi}_i] = E[L_i^2 | \Pi_i^0] + B_i(\Pi_i^0) \cdot \Pi_i^0 \cdot a_i \tilde{\varepsilon} \tag{3.20}$$
$$\text{ただし},\ A_i(x) \equiv \frac{\partial E[L_i(\tilde{\Pi}_i = x)]}{\partial x}$$
$$B_i(x) \equiv \frac{\partial E[L_i^2(\tilde{\Pi}_i = x)]}{\partial x}$$

と表す.王・佐上(1997)は,この設定下で $V[PL]$ が次のように表されることを証明した.

$$V[PL] = \sum_{i=1}^{n} V_\alpha[L_i] + \left(\sum_{i=1}^{n} \sqrt{V_\beta[L_i]}\right)^2 \quad (3.21)$$

$$\text{ただし，} \quad V_\beta[L_i] \equiv (A_i \Pi_i^0 a_i)^2 \quad (3.22)$$

$$V_\alpha[L_i] \equiv V[L_i] - V_\beta[L_i] \quad (3.23)$$

(3.21) 式の右辺をみると，与信件数 n を増加させる場合に第1項は n のオーダーで増加する一方，第2項は n^2 のオーダーで増加する．(3.21) 式はリスクを分散として表示しているが，これを標準偏差のスケールに引き直せば，各項の影響はそれぞれ $\sqrt{n}$ および n のオーダーである．したがって，分散投資を進める場合（すなわち，n を無限大に増加させる極限的ケース）について単位与信当たりのリスクを評価しようとすると，(3.21) 式の第1項は，その効果が消失する（すなわち，$\lim_{n\to\infty}\sqrt{n}/n = 0$）という意味でアンシステマティック・リスクと解釈される一方，第2項は，その効果が残る（すなわち，$\lim_{n\to\infty} n/n = 1 \neq 0$）という意味でシステマティック・リスクであると解釈できる．特にシステマティック・リスクの起源を確認するために (3.22) 式をみると，取引先企業の将来の信用度の不確実性（$\Pi_i^0 a_i$）にその損失額への影響度（A_i）を乗じた形となっている．したがって，信用度変動リスクがシステマティック・リスクであることがわかる．同時に，ここに含まれない与信集中リスクは，理論的には分散投資によって消去可能であるという性質をもったアンシステマティック・リスクであることが裏付けられる．

3.2 信用リスクのプライシングに関する理論的方法論

3.2節では，3.1節で実務的な視点から扱ったプライシング手法の理論的な背景を整理する．また，3.1節では約定キャッシュフローが確定的であるタイプの金融商品のみを扱ったのに対し，3.2節では分析対象を拡張し，デリバティブズなどについても信用リスクをとり込んだ理論価格が算定可能であることを示す．

3.2.1 プライシング理論の枠組み

a．モデルの分類

一般に，金融商品のプライシング理論の歴史は古く，例えばオプション商品のプライシング方法の原型たるブラック-ショールズの公式が発表されたのは1973年のことである．そこでは，取引相手のデフォルト可能性や各種の取引コスト（取引手数料や税など）の影響などは捨象し，理想的な条件下での理論価格が導出された．その後，現実の市場条件にモデルを近づける努力がなされる中で，1980年代後半以降，取引相手のデフォルト可能性を織り込んだプライシング理論が徐々に提唱され始めた[*14]．1990年代に入ると，デリバティブズの価格理論と相まって発展したマルチンゲール[*15]の考え方をデフォルト・イベントの記述に応用しようとする試みが始まり，以降様々なプライシング・モデルが発表されて現在に至っている．

信用リスクを勘案した金融商品のプライシング理論は多彩であるが，大別して，① 無裁定モデルと ② 均衡モデルの2種類に分類可能である．この分類は，金利派生商品を（信用リスクを勘案せずに）プライシングする際に利用される各種のイールドカーブ・モデル（タームストラクチャー・モデル）を分類する場合と同様のものである（第2章を参照）．すなわち，①が市場における無裁定条件だけからレプリケーション法の原理に従って理論価格を導出するのに対し，②はマクロ経済の一般均衡分析を背景に理論価格を導出する．市場参

[*14] 例えば，Johnson and Stultz（1987）は，オプション商品のプライシングに当たって信用リスクを理論的に反映させることを実現させた先駆的な研究である．同論文では，オプションを売却した企業のデフォルト可能性を評価するために，当該企業の資産価値が対数正規過程に従うとの仮定をおいて分析を行っており，この点では3.2節で紹介するLongstaff and Schwartz（1995 a）や3.3節で紹介するDas（1995）と同じ方向性を有している（無論，モデルの細部は互いに異なるが）．なお，Johnson and Stultz（1987）を拡張したプライシング方法としては，Hull and White（1995）などが知られているが，3.2～3.3節で紹介する諸モデルと比較すると，実務界での受け入れられ方は今一つ進んでいないようにも見受けられる．したがって本章では，このモデルについては立ち入らない．

[*15] 確率変数 X_t がマルチンゲールであるとは，任意の時間 $t, s (t<s)$ において，
$$E_t(X_s) = X_t$$
という性質が成り立つことと定義される（ただし，$E(\cdot)$ は期待値を表す）．この概念は，もともとは確率代数の世界で知られていたが，近年ファイナンスの世界では各種のアセット・プライシング理論に応用されて成功をおさめている．具体的な事例は，Duffie（1996）などの標準的な教科書を参照．

加者のリスク選好度に関する情報は，①ではパラメータに内生化されるのに対し，②では外生的に与える必要がある．やや視点を変えると，①，②はそれぞれ，誘導型モデル (reduced form models) および構造モデル (structural models) と呼ぶことも可能である*[16]．これは，②に属するモデルでは，デフォルトの発生が企業価値の確率過程に基づいて決まるという「構造」をよりどころとしていることによる．一方①に属するモデルでは，デフォルト事象はジャンプ・プロセス*[17]（ポアソン・プロセス）と呼ばれる確率過程によって記述されることを先験的に仮定し，その確率過程の背後にあるメカニズムにさかのぼることなく，現在観測可能な証券の市場価格との整合性が実現するようにモデルのパラメータを決定する．

本節で以下に紹介するプライシングモデルのうち，ジャローとターンブルらによるモデルおよびダフィーらによるモデルは①に，ロングスタッフとシュワルツによるモデルは②に分類される．いずれのモデルが現在実務的にポピュラーであるかは，はっきりとはしない．筆者の個人的印象としては，使いやすさの点では①のモデルに，デフォルト事象の予測力という点では②のモデルに比較優位があるように思われる．各金融機関では，いずれのモデルを原型とするにせよ，何らかの加工を施すことによって現実の市場へ適用しやすくした上で実用化している場合が多いといわれている．

b. 実務と理論の関係

3.1節では，主として実務的な視点から，プライシングの基本がレプリケー

---

*[16] このような呼称は，例えば，シュワルツ (1996) などにおいて使われている．

*[17] ジャンプ・プロセスを直観的に理解するために，離散的な世界で株価変動を記述する典型的なジャンプ・モデルをみると次の通りである．すなわち，現時点である確率変数（例えば株価）が S であるとした場合，微小時間 Δt 経過後にはそれが確率 $\lambda \Delta t$ で S から Su になり，確率 $1 - \lambda \Delta t$ で $Se^{-w\Delta t}$ になると考える（$u>1$, $w>0$）．$\lambda \Delta t$ は非常に小さな確率であることを念頭に置くと，このモデルの意味は，ほとんどの時点で株価は w の減少率で低下するが，ごくまれに u 倍に増加する（これが「ジャンプ」の語源である）と解釈できる（もちろん，まれに大幅な減少が起こるという方向でモデルを作ることも可能である）．本章の文脈に当てはめると，貸付や債券などの資産価値は，極めて小さい確率ではあるがまれに発生するデフォルトによって大幅に低下し得る一方，通常は無リスク金利にスプレッドを加えた収益率で成長するということになる．このモデルで Δt を無限小の極限値に近づけると，ジャンプの発生頻度は，よく知られたポアソン分布（率が λ）に従うことが知られている．なお，オプション価格のブラック-ショールズ・モデルなどを導出する上で仮定される拡散過程（ディフュージョン・プロセス）では，ここで示したようなジャンプをともなうレア・イベントを記述することはできない．

ションと割引率の決定(リスクプレミアムの推定)の2点にあることを説明した．この解釈と本節で示す理論モデルとの関係についてみると，次の2点を指摘可能である．

第1に，①(無裁定モデル)に属するモデルの原理は，レプリケーション法の活用にある．これは，市場の完備性を前提として，(i)デフォルトの発生という要素も含めて定義した状態変数に対応する各アロー-デブリュー(Arrow-Debreu)証券[*18]の価格を市場で流通している証券の時価情報から推定した上で，次に，(ii)推定されたアロー-デブリュー証券価格から評価対象とする任意の証券の価格を導出しようというものである．このプロセスでは，(i)，(ii)の2段階でそれぞれレプリケーション法が適用されている．こうした手法ではリスクプレミアムを明示的に推定する必要はないが，それはリスクプレミアム情報を内包した市場価格情報を活用してレプリケーションを行っているからである．

第2には，②(均衡モデル)に属するモデルを利用する場合には，デフォルトを記述した後に，プライシングを行う上でリスクプレミアムが必要となる．このためには，何らかの方法により市場参加者のリスクプレミアムを推定しなくてはならない．実務的には，3.1節で示した方法を利用可能であるが，研究上は，過去の金融商品価格のデータに基づく実証分析によってこれを推定する場合もある．

3.2.2 プライシング理論の原型
a．レプリケーション法に基づくプライシング理論の枠組み

ここでは，3.2.1項で示したモデルの分類(①，②)のうち，①(無裁定モデル)に属する各種プライシング・モデルに共通の基本的な考え方について整

[*18] 第2章でみたように，アロー-デブリュー証券(AD証券)とは，将来の経済環境をすべて説明可能な状態変数(ベクトル)を定義可能であると想定した上で，それぞれの状態について，当該状態が実現した場合のみに単位通貨のキャッシュフローが支払われる一方，他の状態が実現した場合には何も支払われないという取決めをもった仮想的証券として定義される．将来のありうべき状態の個数に対応した種類のアロー-デブリュー証券を定備可能である．市場が完備であれば，これらすべてのアロー-デブリュー証券に価格がつくこととなる．また，任意の証券は，各種アロー-デブリュー証券を適宜組み合わせたポートフォリオによって複製(レプリケート)可能である．

理しておく[*19]。

はじめに,以下の議論を通して,危険資産および非危険資産の両者を含む金融市場全体が完備であることと,無裁定条件が成立することを仮定しておく.このとき,マネー・マーケット資産の収益率 ($e^{\int_t^T r_u du}$) を基準財 (numeraire) としてあらゆる危険資産および非危険資産の相対価格をマルチンゲールとする確率測度(以下,リスク中立確率と呼ぶ)がただ1種類だけ存在することが知られている[*20]。これを前提とすると,現時点 t における危険資産[*21]の理論価格(公正価格)S_t は,

$$S_t = E_t^Q \left[e^{-\int_t^\tau r_u du} Z \cdot 1_{\{\tau \leq T\}} + e^{-\int_t^T r_u du} X \cdot 1_{\{\tau > T\}} \middle| \tau \geq t \right] \quad (3.24)$$

と表される.ただし,E_t^Q はリスク中立確率による期待値演算子,τ はデフォルト時点,T は資産の満期,Z はデフォルト発生時における回収額(上式では簡単のために一定とする),X はデフォルトが発生しない場合の満期におけるキャッシュフロー,r_u は時点 u における無リスク短期金利をそれぞれ表す(これらの表記は,以下同じ).また,1_A は,事象 A が実現した場合に 1,実現しない場合に 0 をとる確率変数(事象 A を引数とする写像)であり,

$$1_A \equiv \begin{cases} 1 & (A \text{ is true}) \\ 0 & (A \text{ is wrong}) \end{cases} \quad (3.25)$$

と定義される.

理解を容易にするために,上式の特殊ケースとして,デフォルト可能性のある割引債(元本 1,満期 T,デフォルト時の回収率 δ 〈定数〉)の現時点 t における価格 $P_r(t, T)$ を考えよう.デフォルト事象と金利の独立性を前提として (3.24) 式を活用・整理すると,

---

[*19] 3.2 節においてこれ以降取り扱うような理論的枠組みについては,Jarrow and Turnbull (1995) や木島・小守林 (1999) などもわかりやすい解説を与えている.
[*20] これは,Harrison and Pliska (1981) によって証明されたもので,アセット・プライシング理論の根幹を形成する重要な定理である.
[*21] 議論を簡単にするため,当面は,危険資産のキャッシュフローが発生するのは満期のみと考える.なお,この制約を外し,期中のキャッシュフローをとり入れられるようにしても,一般性は失われない.

3.2 信用リスクのプライシングに関する理論的方法論

$$P_t(t,T) = E_t^Q\left[e^{-\int_t^\tau r_u du}\delta\cdot 1_{\{\tau\leq T\}} + e^{-\int_t^T r_u du}1_{\{\tau>T\}}\Big|\tau\geq t\right]$$
$$= \delta\int_t^T P_s(t,u)d\tilde{Q}_t\{t\leq\tau\leq u\} + P_s(t,T)\tilde{Q}_t\{\tau>T\} \quad (3.26)$$

となる.ただし,

$$P_s(t,T) \equiv E_t^Q\left[e^{-\int_t^T r_u du}\Big|\tau\geq t\right] \quad (3.27)$$

は,無リスクの割引債(元本 1,満期 T)の現時点 t における価格(直観的には市場で観測した国債の価格)を表す.また,(3.26) 式では,事象 A の発生に対応するリスク中立確率を $\tilde{Q}_t\{A\}$ と表した.すなわち,

$$\tilde{Q}_t\{A\} \equiv E_t^Q[1_A] \quad (3.28)$$

と定義している.経済学的には,事象 A にかかるアロー－デブリュー証券(満期 T)の時点 t における価格が $E_t^Q\left[e^{-\int_t^T r_u du}1_A\right]$ であるといえる.さらに,事象と金利の独立性を仮定すれば,これを

$$E_t^Q\left[e^{-\int_t^T r_u du}1_A\right] = P_s(t,T)\cdot\tilde{Q}_t\{A\} \quad (3.29)$$

と分離可能である.本節の文脈に沿えば,「特定の期間内にデフォルトが発生すること」を「事象」として想定するから,例えば

$$\tilde{Q}_t\{t_1\leq\tau\leq t_2\} \equiv E_t^Q[1_{\{t_1\leq\tau\leq t_2\}}] \quad (3.30)$$

の経済的な意味は,期間 $[t_1,t_2]$ におけるデフォルト確率(リスクプレミアム調整ベース.以下,「リスク中立デフォルト確率」と呼ぶ)であると解釈できる.これを踏まえて $P_r(t,T)$ に関する (3.26) 式をみると,最右辺第1項は,時点 u (ただし $t<u<T$) にデフォルトとなる場合の回収額(現在価値ベース)$\delta\cdot P_s(t,u)$ にリスク中立確率 $\tilde{Q}_t\{\tau=u\}$ を乗じた期待値の総和(積分値)を表し,同第2項は,満期 T までデフォルトが起こらない場合の償還額(現在価値ベース)$P_s(t,T)$ にリスク中立確率 $\tilde{Q}_t\{\tau>T\}$ を乗じた期待値を表す.

議論を一般化すれば,将来の状態変数ごとに金融商品から発生するキャッシュフローの割引現在価値を計算し,これに当該状態変数が実現する確率(リスク中立確率)を乗じた期待値を算定,あらゆる状態変数にわたって期待値の総

和をとった値が求める理論価格であるといえる．通常は，まず，市場で時価を観測可能な金融商品の理論価格と実際の時価とが一致するように期間別，格付け別のリスク中立確率（いわばインプライド・リスク中立デフォルト確率）を決定し，次に，そのリスク中立確率を利用して未知の金融商品の理論価格を導出するというプロセスをたどる．こうした考え方は，信用リスクを勘案せずにデリバティブズ（ないしすべての金融商品）をプライシングする際には既によく知られたものである[*22]が，本項では，それを信用リスクが存在する場合にも拡張可能であることを強調しておきたい．

b. リスクプレミアムの扱い

上記で導出した$\tilde{Q}_t\{A\}$はリスクプレミアムを勘案したデフォルト確率（事象Aを特定のデフォルト事象と想定）であった．市場が完備であればこの$\tilde{Q}_t\{A\}$を推定することができ，さらにその情報を利用してあらゆる危険資産をプライシングすることが可能になる．

ここでは，まず，$\tilde{Q}_t\{A\}$の推定方法の一例を示す．議論を簡単にするための技術的な理由から，危険資産がデフォルトした場合にその時点でδを回収するという前述の仮定の代わりに，δを回収するのは常に満期時点であるとの仮定を置く．このとき，危険資産の価格$P_r(t, T)$は，

$$\begin{aligned}
P_r(t, T) &= E_t^Q\left[e^{-\int_t^T r_u du}\delta \cdot 1_{\{\tau \leq T\}} + e^{-\int_t^T r_u du} 1_{\{\tau > T\}} \middle| \tau \geq t \right] \\
&= \delta \int_t^T P_s(t, T) d\tilde{Q}_t\{\tau \leq u\} + P_s(t, T)\tilde{Q}_t\{\tau > T\} \\
&= P_s(t, T) \cdot [\delta \tilde{Q}_t\{\tau \leq T\} + \tilde{Q}_t\{\tau > T\}] \quad (3.31) \\
&= P_s(t, T) \cdot [\delta(1 - \tilde{Q}_t\{\tau > T\}) + \tilde{Q}_t\{\tau > T\}] \\
&= P_s(t, T) \cdot [\delta + (1-\delta)\tilde{Q}_t\{\tau > T\}]
\end{aligned}$$

となる．したがって，回収率$\delta(\neq 1)$を所与とすれば，市場で観測可能な$P_r(t, T)$および$P_s(t, T)$の情報を用いて，

$$\tilde{Q}_t\{\tau > T\} = \frac{P_r(t, T) - \delta P_s(t, T)}{(1-\delta)P_s(t, T)} \quad (3.32)$$

という形で期間Tまでの生存確率（リスク調整ベース）を算定できる．なお，

[*22] このような金融商品のプライシング理論を一般的に解説した文献としては，Duffie (1996), Dothan (1990), 木島 (1994) などをあげられる．

危険資産の価格 $P_r(t,T)$ に着目した表現の代わりに,危険資産の利回りに着目した表現に書き換えることにすると,危険資産と非危険資産のスプレッド $\rho_t(T)$ は,

$$\begin{aligned}\rho_t(T) &= R_t(T) - R_t^F(T) \\ &= \frac{1}{T-t}\log\frac{P_s(t,T)}{P_r(t,T)} \\ &= \frac{-\log[\delta+(1-\delta)\tilde{Q}_t\{\tau>T\}]}{T-t}\end{aligned} \quad (3.33)$$

となり,$\tilde{Q}_t\{\tau>T\}$ と関係付けることができる.ただし,(3.33) 式の導出に当たっては,$P_r(t,T)=e^{-(T-t)R_t(T)}$ の関係などを利用した.

次に,現実のデフォルト確率を $Q_t\{A\}$ と表し,リスクプレミアム $\pi_t(A)$ を

$$\pi_t(A) \equiv \frac{\tilde{Q}_t\{A\}}{Q_t\{A\}} \quad (3.34)$$

と定義する[*23].$Q_t\{A\}$ は,当該企業の信用分析によって推定可能である.単に格付機関の格付けを利用するならば,各格付けに対応するデフォルト確率の公表データが報告されている.内部格付けを利用するならば,独自のトラック調査などによって予想デフォルト確率を対応させる必要がある.いずれにせよ,この $Q_t\{A\}$ と市場価格情報から推定した $\tilde{Q}_t\{A\}$ の比率として,リスクプレミアムを算定できる.

以上の議論は公正価格の推定方法に関するものであったが,採算価格を推定する場合には,市場全体のリスクプレミアム $\pi_t(A)$ の代わりに,個々の市場参加者 i に特有のリスクプレミアム $\pi_t^i(A)$ を知る必要がある.原理的には,3.1.2 項 a. で示したリスクギャップ法をすべての事象 A に対して適用すれば,あらゆる状態間遷移に対応したリスクプレミアムを推定可能であり,任意の取引のプライシング・ニーズに備えることができる.しかし,こうした無限に近い多数個の状態遷移をすべて算定するのは事実上不可能であるため,実際の運用としては,取引対象となる個々の商品ごとにリスクプレミアムを求めることになろう.

[*23] ここで定義するリスクプレミアム $\pi_t^i(A)$ と 3.1 節で実務上のリスクプレミアムとして導入した $\xi_t(T)$ とは,相互に関連はあるものの,定義自体は異なっている点に注意を要する.

なお，ここまでは A をデフォルト事象と想定していたが，より広義の解釈としては，任意の信用度の変化を事象 A として定義することも可能である．この考え方は，マルコフ連鎖を状態遷移行列によって表現するタイプのモデルにおいて利用される．その一例は，後掲3.2.3項b.で示される．

3.2.3　ジャローとターンブルらによるプライシング・モデル

コーネル大学のジャローとターンブルらは，1990年頃からこの分野における理論研究に着手し，その成果を Jarrow and Turnbull (1995) および Jarrow, Lando and Turnbull (1997) としてまとめた．本項では，両論文の概要を紹介する．

a.　仮想為替レートを利用したデフォルト可能性の評価

Jarrow and Turnbull (1995) は，外為市場における為替レート（例えば，通貨Aと通貨Bの交換レート）の役割にヒントを得て，危険資産と非危険資産を交換する仮想為替レートという概念を導入し，これを用いて危険資産の時価を算出するモデルを提唱した．このモデルの本質的な考え方や結論は，3.2.2項で示した基本論とほぼ同様であるので，ここでは繰り返さない．ポイントは，仮想為替レートが3.2.2項で定義した Q などによって表される点である．この点を具体的に示すと次の通りである．まず，仮想為替レート $e_1(t)$ は，

$$e_1(t) \equiv P_r(t, t) \tag{3.35}$$

と定義される．すなわち，$e_1(t)$ は，デフォルト可能性がある割引債の満期時点 t における価値であるから，当該債券が時点 t までにデフォルトしていたならば $e_1(t) = \delta$（回収率），デフォルトしていないならば $e_1(t) = 1$ である．3.2.2項の表記に従えば，

$$e_1(t) \equiv \delta 1_{\{\tau \leq t\}} + 1_{\{\tau > t\}} \tag{3.36}$$

と書ける．この危険資産によって支払いが約束された1ドルは，非危険資産によって確実に支払われることが約束された真の1ドルとは異なる価値をもつ．そこで，危険資産の1ドルを仮想的な別の通貨であると解釈する．例えば，真の1ドルを現時点 t で危険資産建てに換算すれば，$1/e_1(t)$ ドルとなる．逆に危険資産建ての1ドルを真のドル建てに変換すれば，$e_1(t)$ ドルとなる．

さて，危険資産で満期が T の割引債の価格を真のドル建てによって $P_r(t, T)$

と表すことにして,その算出方法を考えよう.同割引債は,将来時点 T において確実に危険資産建ての1ドルを支払うものである.その信用リスクのヘッジ方法を考えることにすると,将来の外貨建てキャッシュフローの為替リスクをヘッジするために通常行われる為替予約取引(フォワード為替レートにより自国資産建てのキャッシュフローとして固定する取引)のアナロジーを検討すればよい.Jarrow and Turnbull (1995) は,ここでの仮想為替取引にかかるフォワードレートが,将来の同為替レートに関するリスク中立期待値として,$E_t^q[e_1(T)]$ と表されることを示した.この結果を利用すると,$P_r(t,T)$ は,将来時点 T において真のドル建てでみて $E_t^q[e_1(T)]$ ドルが確実に支払われる取引であると解釈できるから,そのキャッシュフローを無リスク資産のディスカウント・ファクター($=P_s(t,T)$)で割り引くことにより,

$$P_r(t,T) = P_s(t,T) \cdot E_t^q[e_1(T)] \qquad (3.37)$$

と表されることになる.(3.37)式は,3.2.2項で得た結論と同一である.

b. 状態遷移確率行列によるマルコフ過程のモデル化

Jarrow, Lando and Turnbull (1997)[*24)] は,デフォルトに陥るかどうかだけでなく,信用度(格付け)が変化するイベントについても,実際の確率およびリスク中立確率の概念を導入した.これを離散時間および連続時間それぞれの枠組みで,マルコフ連鎖モデルとして展開した.以下では,離散時間で示されたモデルのポイントを紹介する.

まず,取引先の信用度を表す状態変数のセットとして,$\{1, 2, \cdots, K-1, K\}$ を考える.このうち,状態1は最高の信用度,状態 $K-1$ は非デフォルト状態として最低の信用度,K はデフォルト状態を表す.取引先が単位時間内 t に状態 i にあり,時間 $t+1$ に状態 j に移る確率を q_{ij} と定義する(ただし $1 \leq i, j \leq K, i \neq j$).このとき状態 i のまま変化しない確率は,$q_{ii} = 1 - \sum_{\substack{j=1 \\ j \neq i}}^{K} q_{ij}$ である(ただし $1 \leq i \leq K$).あらゆる状態変化の可能性について,その実現確率を行列 Q としてまとめると,

---

[*24)] Jarrow, Lando and Turnbull (1997)(および Jarrow and Turnbull (1995))は,回収率が一定値であるとの仮定を置いて議論を進めているが,この条件を緩和したプライシング モデルとしては,Das and Tufano (1996) が知られている.このモデルでは,回収率は確率変数であると考えられ,したがってデフォルト確率および回収率から構成される信用スプレッドは2種類の確率ファクターに依存する変数であるとして扱われる.

$$Q = \begin{pmatrix} q_{11} & q_{12} & \cdots & q_{1K} \\ q_{21} & q_{22} & \cdots & q_{2K} \\ \cdots & \cdots & \cdots & \cdots \\ q_{K-1,1} & q_{K-1,2} & \cdots & q_{K-1,K} \\ 0 & 0 & \cdots & 1 \end{pmatrix} \quad (3.38)$$

と表現できる．ここでは，一度デフォルト状態 K に入った後には非デフォルト状態に戻る可能性がないとの条件が行列 Q の最終行に織り込まれている．

一方，3.2.2 項の議論と同様に，無裁定条件の成立を前提として，取引先が状態 i（時間 t）から状態 j（時間 $t+1$）に移るリスク中立確率 $\tilde{q}_{ij}(t, t+1)$ を定義することも可能である（ただし，$1 \leq i, j \leq K, i \neq j$）．このとき，$\tilde{q}_{ii}(t, t+1) = 1 - \sum_{\substack{j=1 \\ j \neq i}}^{K} \tilde{q}_{ij}(t, t+1)$ である（ただし，$1 \leq i \leq K$）．これらを行列形式 $\tilde{Q}_{t,t+1}$ としてまとめると，

$$\tilde{Q}_{t,t+1} = \begin{pmatrix} \tilde{q}_{11}(t,t+1) & \tilde{q}_{12}(t,t+1) & \cdots & \tilde{q}_{1K}(t,t+1) \\ \tilde{q}_{21}(t,t+1) & \tilde{q}_{22}(t,t+1) & \cdots & \tilde{q}_{2K}(t,t+1) \\ \cdots & \cdots & \cdots & \cdots \\ \tilde{q}_{K-1,1}(t,t+1) & \tilde{q}_{K-1,2}(t,t+1) & \cdots & \tilde{q}_{K-1,K}(t,t+1) \\ 0 & 0 & \cdots & 1 \end{pmatrix} \quad (3.39)$$

と表現できる．市場が完備であれば，(3.39) 式の各成分を市場価格情報から導出可能であることになるが，実際には各時点 $(t, t+1)$ ごとに $(K-1)^2$ 個という多数の情報を引き出すのは不可能に近い（すなわち，市場は完備でない）．このため，Jarrow, Lando and Turnbull (1997) は，次のような仮定を置いて推定を行うことを提案している．すなわち，3.2.2 項でデフォルト確率にかかるリスクプレミアムを定義したのと同様に，状態間遷移に関するリスクプレミアムを

$$\pi_i(t) \equiv \frac{\tilde{q}_{ij}(t, t+1)}{q_{ij}} \quad (\text{ただし，} 1 \leq i, j \leq K, i \neq j) \quad (3.40)$$

と定義する（リスク中立確率と現実の確率の比率として定義）．(3.40) 式での特徴は，リスクプレミアムがはじめの状態 i だけに依存して決まり，終わりの状態 j には依存しないことが先験的に仮定されている点である．この仮定を前

提として，市場で観測可能な金融取引の価格情報から K 個のリスクプレミアム $\pi_i(t)$ $(1 \leqq i \leqq K)$ を推定し，別途推定されている q_{ij} を乗じることによって，(3.39) 式の各成分を決定することができる．このとき，推定に必要な情報の個数は，(3.40) 式を仮定しない場合の $(K-1)^2$ 個から K 個に減少することとなるため，実際の計算上の負担が軽減される．

上記の枠組みを出発点としてデフォルト可能性を反映したプライシングを行うには，取引先が時間 T までデフォルトしないリスク中立確率 $\tilde{Q}_t\{\tau > T\}$ （またはデフォルトするリスク中立確率 $\tilde{Q}_t\{t \leqq \tau \leqq T\} = 1 - \tilde{Q}_t\{\tau > T\}$）を求めた上で，3.2.2 項で示した考え方に帰着させればよい．その計算には，単位時間当たりの遷移確率行列 (3.39) 式から，累積時間ベースでの遷移確率行列を求める方法を使う．具体的には，時間 0 から時間 n までの間に状態 i から状態 j に遷移するリスク中立確率 $\tilde{q}_{ij}(0, n)$ を求める場合，行列 $\tilde{Q}_{0,n}$ を

$$\tilde{Q}_{0,n} = \tilde{Q}_{0,1} \cdot \tilde{Q}_{1,2} \cdots \tilde{Q}_{n-1,n} \tag{3.41}$$

として算出し，その (i, j) 成分を $\tilde{q}_{ij}(0, n)$ とすればよい．この計算結果を得れば，$\tilde{Q}_t\{\tau > T\}$ は，

$$\tilde{Q}_t\{\tau > T\} = \sum_{j \neq K} \tilde{q}_{ij}(t, T) = 1 - \tilde{q}_{iK}(t, T) \tag{3.42}$$

と求められる．

以上により，状態遷移確率行列を利用してデフォルト確率（リスク中立ベース）を導出する方法が示された．デフォルト確率が決まれば，3.2.2 項で示したのと同じプロセスに従ってプライシングを行うことができる．

3.2.3 項で示したプライシング・モデルの特徴の 1 つは，格付け機関などが報告している信用度変化のデータ（格付け遷移確率のヒストリカル・データ）をそのまま (3.38) 式にとり入れることが可能であって使い勝手がよいことにある．

3.2.4 ダフィーらによるプライシング・モデル

a. モデルの枠組み

3.2.4 項では，スタンフォード大学のダフィー教授と同僚らによる一連の論文によって提唱されているモデルを示す．その特徴は，デフォルト可能性を

表す変数（3.2.2項の表記では$1_{\{t_1 \leq \tau \leq t_2\}}$ないし同期待値$\tilde{Q}_t$ ($t_1 \leq \tau \leq t_2$) $\equiv E_t^Q[1_{\{t_1 \leq \tau \leq t_2\}}]$）をキャッシュフロー変数に乗じるという3.2.3項までの形式に代わって，デフォルト可能性の効果をとり込んだ割引金利によってキャッシュフローを割り引くという形式をとる点にある[*25]．本モデルは，このようにデフォルト確率や回収率などの効果をクレジット・スプレッドという1つの情報に集約することから，実務家の間では，実際の運用上の利便性が高いとの評価もみられる．

モデルの定式化は以下の通りである．まず，デフォルト可能性を表す変数$1_{\{t_1 \leq \tau \leq t_2\}}$は（3.25）式では不連続な確率変数として定義されていたが，これを「トレンド項」と「ランダム項」に分解することによって扱いやすくするために，やや技術的な表現を導入する[*26]．具体的には，まず，

$$H_t \equiv 1_{\{t \geq \tau\}} \tag{3.43}$$

という表記を定義する．変数H_tは，時点tにおいて対象企業がデフォルト（その発生時点をτと表記）に至っていれば1，至っていなければ0という数字をとる．次に，ポアソン・プロセス（またはカウンティング・プロセス）と呼ばれる確率過程

$$N_t \equiv \sum_{k=1} 1_{\{t \geq \tau_k\}}, \quad \text{ただし } \tau_1 \leq \tau_2 \leq \tau_3 \leq \cdots \tag{3.44}$$

を導入する．この確率過程は，あるレア・イベント（ここではデフォルト）が時間tまでに発生する回数を表す[*27]ことがわかる．その回数に関する確率分布がポアソン分布に従うと仮定すると，（3.44）式は，ある連続的確率過程h_t

---

[*25] この関係は，3.1.1項で示した割引に関する2通りの考え方に対応している．すなわち，3.2.3項で扱ったジャローとターンブルらによるモデルは形式上3.1節の（3.3）式に対応した結果を導出するのに対し，本項で扱うダフィーらによるモデルは（3.2）式に対応した結果を導出するものである．

[*26] ここで示す理論的背景については，Madan and Unal (1993) においても言及されている．

[*27] 本章では，デフォルトというイベントは1度限りしか起こらないと考えているので，「デフォルトの回数」を表現することに疑問を感じるかもしれない．しかし，ここでの考え方は，次のようなロジックに従って理解可能である．まず，（3.44）式では，一定の発生確率に従って「デフォルト」というレア・イベントが複数回起こり得ることを形式的に許容する（各「デフォルト」の発生時点を$\tau_1, \tau_2, \tau_3, \cdots$とする）．次に，（3.46）式において，「1回目のデフォルト」が発生するまでだけに着目し，それ以降の（3.44）式の情報を捨象することにする．この手続きにより，実際には1度限りしか起こらないデフォルトという事象に対して，ポアソン・プロセスが有する数学的性質（3.45）を適用可能になる．

およびマルチンゲール性を有する確率過程 M_t の2つに一意に分解可能であり，次のように表現できることが知られている[*28)]．

$$N_t = \int_0^t h_u du + M_t \tag{3.45}$$

(3.43)，(3.44) 式より，H_t と N_t の間には $H_t = N_{t \wedge \tau}$ という関係があることがわかる（ただし，$t \wedge \tau \equiv \min[t, \tau]$．ここで (3.45) 式の性質を適用することにより，

$$\begin{aligned} H_t &= N_{t \wedge \tau} \\ &= \int_0^{t \wedge \tau} h_u du + M_{t \wedge \tau} \\ &= \int_0^t h_u \cdot 1_{\{u < \tau\}} du + m_t \end{aligned} \tag{3.46}$$

という形で H_t を表現できる（ただし，$m_t \equiv M_{t \wedge \tau}$）．これを微分形で書けば，

$$dH_t = h_t 1_{\{t < \tau\}} dt + dm_t \tag{3.47}$$

となる．さて，前項で示した危険資産の価格式は，

$$S_t = E_t^Q \left[e^{-\int_t^\tau r_u du} Z \cdot 1_{\{\tau \leq T\}} + e^{-\int_t^T r_u du} X \cdot 1_{\{\tau > T\}} \bigg| \tau \geq t \right] \tag{3.48}$$

であったが，ここで回収金額 Z を一定とせず時間依存性を許容した上で(3.47)式を利用すると，

$$\begin{aligned} S_t &= E_t^Q \left[\int_t^T e^{-\int_t^u r_s ds} Z_u dH_u + e^{-\int_t^T r_u du} X \cdot 1_{\{\tau > T\}} \bigg| \tau \geq t \right] \\ &= E_t^Q \left[\int_t^T e^{-\int_t^u r_s ds} Z_u h_u 1_{\{u < \tau\}} du + e^{-\int_t^T r_u du} X \cdot 1_{\{\tau > T\}} \bigg| \tau \geq t \right] \end{aligned} \tag{3.49}$$

と整理可能である[*29)]．次に，便宜的に，デフォルト時点 τ 以前においてはこの S_t と同一の値をとる変数 V_t を探す（τ 以降の V_t の挙動には制約を設けない）ことにする．Duffie, Schroder and Skiadas (1996) は，V_t が特定の確率過程

[*28)] これは，ドゥーブ・メイヤー (Doob-Meyer) 分解と呼ばれる確率代数の一例に当たる．この周辺の数学的な扱いについては，例えば Elliot (1982) に詳しい．

[*29)] (3.49) 式においては，dH_u を展開する際に，m_t がマルチンゲールであることから $E_t^Q[dm_\tau] = 0$ が成立することを利用している．

$$dV_t = [-Z_t h_t + (r_t + h_t)V_t]dt + dM_t \quad (M_t \text{はマルチンゲール}) \quad (3.50)$$

$$V_T = X \quad (満期における境界条件) \quad (3.51)$$

に従う[*30]と仮定した場合に,ある技術的な条件さえ満たせば,

$$S_t = V_t \cdot 1_{\{t < \tau\}} \quad (3.52)$$

となることを証明し[*31],上記の条件を満足することを示した.以下の議論では,V_t の方が S_t より扱いやすい性質を有するため,S_t の代わりに V_t に着目する.

なお,ここまでデフォルト時の回収金額 Z_t については何ら仮定を置いていなかったが,Duffie らの一連のモデルでは,これ以降,

$$Z_t = \varphi_1(t, V_t) V_t 1_{\{V_t < 0\}} + \varphi_2(t, V_t) V_t 1_{\{V_t \geq 0\}} \quad (3.53)$$

という定式化がなされている[*32].$\varphi_2(t, V_t)$ は,デフォルトした取引相手に対し自分のポジションがロングであった場合の回収率である.一方 $\varphi_1(t, V_t)$ は,自分のポジションがショートであった場合の支払率[*33]である.ロング,ショートの両ケースを想定するのは,スワップ商品の扱いに備えるためである[*34].回収(支払)金額は,デフォルトが起こる直前の当該取引の価値 V_t

---

[*30] (3.50) 式の意味を直観的にみるには,同式を

$$dV_t = \left[r_t + \left(1 - \frac{Z_t}{V_t}\right)h_t\right]V_t dt + dM_t$$

と変形するとよい.回収率調整後のデフォルト確率(リスク中立ベース)が $\left(1 - \frac{Z_t}{V_t}\right)h_t$ であり,それを無リスク金利 r_t に上乗せした率で資産価値が成長すると期待されていることがわかる.

[*31] 証明は技術的であるため省略するが,そのポイントは,一般化された伊藤の補題(generalized Ito's lemma)を利用した展開にある.通常の伊藤の補題(Ito's lemma)は対象が標準ブラウン運動に限定されたものであるため,ここで扱うデフォルトの確率過程(非ブラウン運動)に対してはこれを拡張した補題を利用しなくてはならない(例えば,Dothan (1990) を参照).

[*32] (3.53) 式の仮定は,実はさらに拡張可能である.すなわち,(3.53) 式では自分自身のデフォルトによるキャッシュフローへの影響をとり入れていないが,これをとり入れることも理論的に可能である.本章では,理論的な見通しをよくするために,この拡張については言及しない.

[*33] ここで定義する支払率は,取引相手がデフォルトした場合に,その時点における自分の債務(時価)のどれだけを支払う必要があるのか表す情報であり,ネッティングがないとすれば,通常1に近い数字になると考えられる(したがって,自分が債権者である場合の回収率とは,意味合いが異なる).本モデルでは,分析の一般性を確保するためにこのパラメータが設けられていると考えられる.

[*34] スワップ商品は,原資産価格の変動次第で時価は正にも負にもなり得る(いわば,資産にも負債にもなり得る)という特徴をもつため,デフォルト時点でポジションがロングであるかショートであるかは事前に確定していない.

に回収(支払)率を乗じた金額である.(3.53)式を(3.50)式に代入すると,

$$dV_t = R_t V_t dt + dM_t \tag{3.54}$$

$$R_t \equiv r_t + [1 - \varphi_1(t, V_t)] h_t 1_{\{V_t < 0\}} + [1 - \varphi_2(t, V_t)] h_t 1_{\{V_t \geq 0\}} \tag{3.55}$$

と整理できる.特に,貸出など常に $V_t \geq 0$ である取引については,

$$R_t \equiv r_t + [1 - \varphi_2(t, V_t)] h_t \tag{3.56}$$

と考えてよい.(3.55)式および(3.56)式は,回収(支払)率調整後のデフォルト確率(リスク中立ベース)を無リスク金利に上乗せした金利として解釈可能である.(3.54)式および(3.51)式から,簡単な計算を経て,

$$V_t = E_t^Q \left[e^{-\int_t^T R_u du} X \right] + E_t^Q \left[\int_t^T e^{-\int_t^s R_u du} dD_s \right] \tag{3.57}$$

という解が導出される.ここで D_t は,満期に至る以前に当該取引から発生するキャッシュフロー(利払いや配当など)である.満期のみしかキャッシュフローが発生しない取引については,単に,

$$V_t = E_t^Q \left[e^{-\int_t^T R_u du} X \right] \tag{3.58}$$

となる.3.2.3項での議論にならって解釈すれば,資産価格 V_t は,キャッシュフローの割引現在価値に関するリスク中立期待値として計算されるといえる.ここでの特徴は,デフォルトによる潜在的な損失可能性を織り込んだ R_t を割引金利として利用している点である.通常の(信用リスクを勘案しない)金利の期間構造モデル(ハル-ホワイト・モデルなど)と同様に,R_t の期間構造の変化について適当なモデルを与えれば,市場で流通している証券の価格情報に基づきモデルのパラメータを定めることによって,任意の証券を上式に基づきプライシングすることができる.例えば,Duffie and Singleton (1994) では事業債(社債)などを,Duffie and Huang (1996) ではスワップ商品(2-ファクターモデルを利用)をそれぞれ対象にして,取引相手の信用リスクを勘案したプライシングを試算している.

b. モデルの具体化

本項 a. で示した V_t の解 (3.57) 式を計算するには,その右辺に含まれる確率過程 R_t についてパラメトリックな形式を特定することが必要である.具体的には,

$$R_t \equiv r_t + [1 - \varphi_1(t, V_t)] h_t 1_{\{V_t < 0\}} + [1 - \varphi_2(t, V_t)] h_t 1_{\{V_t \geq 0\}} \qquad (3.59)$$

のダイナミクスをモデル化する必要がある．Duffie らが一連の論文で示した方法では，まず，

$$\rho_t \equiv r_t + [1 - \varphi_1(t, V_t)] h_t \qquad (3.60)$$

$$\eta_t \equiv [\varphi_1(t, V_t) - \varphi_2(t, V_t)] h_t \qquad (3.61)$$

と定義した変数を用いて，(3.59) 式の R_t を

$$R_t = \rho_t + \eta_t 1_{\{V_t \geq 0\}} \qquad (3.62)$$

と書き直す．ここで，ρ_t は，取引相手のデフォルトにともなう損失可能性 ($[1-\varphi_2(t, V_t)]h_t$) を含まないという意味で，信用リスクをほぼ捨象したレート（例えば LIBOR に近いレート）と解釈できる一方，η_t はスプレッドと位置付けられる．ρ_t と η_t の確率過程を特定してやれば，R_t が決まりプライシングを実行できる．まず，ρ_t については，最も単純には1-ファクターモデルにより，

$$d\rho_t = a(b - \rho_t) dt + c\sqrt{\rho_t} dB_t \qquad (3.63)$$

といった表現で扱う方法がある．より一般的にはマルチファクターモデル（ファクター数 n) を採用可能であるが，その一例として，

$$\rho_t = \sum_{i=1}^{n} Y_t^i \qquad (3.64)$$

$$dY_t^i = a_i(b_i - Y_t^i) dt + c_i \sqrt{Y_t^i} dB_t^i, \quad 1 \leq i \leq n \qquad (3.65)$$

といったモデルが利用できる（ただし，Y_t^i は状態変数ベクトルの第 i 成分）．一方，η_t のモデル化については様々な方向性が考えられるが，Duffie and Huang (1996) はとりあえず簡便モデルの一例として，

$$\eta_t = \bar{c} \qquad (3.66)$$

または

$$\eta_t = \bar{c}' \rho_t \qquad (3.67)$$

という定式化を示した[*35]．ただし，$\bar{c}$, $\bar{c}'$ は定数である．どの定式化を採用するか決めた後には，実際に市場で時価を観測可能な金融商品の価格情報を利用して逆に (3.63)～(3.67) 式中に現れるパラメータを推定する．この作業は

[*35] この定式化には経済学的な背景や根拠があるわけではなく，解析的計算のフィージビリティを重視して簡略なモデル化を行った面があると思われる．

パラメータ・キャリブレーション（parameter calibration）と呼ばれる．

一度パラメータが決まれば，価格が未知の金融商品について，(3.57) 式および (3.55) 式の解を求めることにより理論価格を推定することができる．(3.57) 式では，金融商品のキャッシュフロー（D_t および X）を任意に設定可能であるから，原理的にあらゆる金融商品を対象にすることができる．ただし，一般には解析的計算は不可能であることから[*36]，何らかの数値計算を行う必要がある．例えば，有限差分法，ツリーを利用した格子法，モンテカルロ・シミュレーション法などが利用可能である．

3.2.5 ロングスタッフとシュワルツによるプライシング・モデル

Longstaff and Schwartz (1995 a) は，デフォルト発生のメカニズムを確率過程モデルによって記述した上で，3.2.2 項に示したプライシングの枠組みに帰着させる手法を提案した．具体的には，取引相手の企業がデフォルトするのは，確率変数として表される当該企業価値 V_t が一定の閾値 K（直観的には総負債価値）を下回った場合であるというメカニズムを想定する．企業価値 V_t は，Merton (1974) にならい，

$$dV_t = r_t V_t dt + \sigma_1 V_t dB_t^1 \qquad (3.68)$$

という対数正規過程（リスク中立ベースで表現）に従うと仮定する（ただし，r_t は無リスク短期金利，σ_1 はボラティリティ・パラメータ，dB_t^1 は標準ブラウン運動を表す）．簡単のために，状態変数 X_t を

$$X_t \equiv \frac{V_t}{K} \qquad (3.69)$$

と定義し，$X_t < 1$ であればデフォルト，$X_t \geq 1$ であれば存続と考える．ここで，(3.68)，(3.69) 式より，

$$dX_t = r_t X_t dt + \sigma_1 X_t dB_t^1 \qquad (3.70)$$

が成立する．また，金利の変動過程については，バシチェック（Vasicek）モデルを採用し，

[*36] もちろん，特殊なケースには解析解も存在する．例えば，(3.63) 式および (3.65) 式のような CIR 型のモデル（Cox-Ingersoll-Ross モデル）を利用する場合には，割引債の価格について解析解が存在することが知られている．

$$dr_t = (\alpha - \beta r_t)dt + \sigma_2 dB_t^2 \tag{3.71}$$

に従って短期金利 r_t が変化すると考える(本式もリスク中立ベースでの表現．また,α と β は平均回帰性に関連したパラメータ,σ_2 はボラティリティ・パラメータ,dB_t^2 は標準ブラウン運動を表す).このとき,デフォルト可能性がある危険資産の価格を $H(t, X_t, r_t)$ と書くと[*37],$H(t, X_t, r_t)$ は次の偏微分方程式を満足する.

$$\frac{\partial H}{\partial t} + r_t X_t \frac{\partial H}{\partial X_t} + (\alpha - \beta r_t) \frac{\partial H}{\partial r_t} + \frac{1}{2}\sigma_1^2 X_t^2 \frac{\partial^2 H}{\partial X_t^2} + \rho \sigma_1 X_t \sigma_2 \frac{\partial^2 H}{\partial X_t \partial r_t} + \frac{1}{2}\sigma_2^2 \frac{\partial^2 H}{\partial r_t^2}$$
$$= r_t H \tag{3.72}$$

ただし,ρ は,2つの標準ブラウン運動 (dB_t^1, dB_t^2) の間の相関係数を表す.(3.72)式は,無裁定条件を仮定した上で,前掲 X_t,r_t の確率微分方程式に伊藤の補題(Ito's lemma)を適用することにより導出される.導出方法は,よく知られたブラック-ショールズの偏微分方程式の導出とほぼ同様であるので,ここでは解説を省略する(例えば,Duffie(1996)を参照).満期 T における非デフォルト時のペイオフを $P(r_T)$,デフォルト時のペイオフ(回収額)を $\delta P(r_T)$ とすると,(3.72)式の偏微分方程式に課される境界条件は,

$$\begin{aligned}H(T, X_T, r_T) &= P(r_T) \cdot 1_{\{X_T \geq 1\}} + \delta P(r_T) \cdot 1_{\{X_T < 1\}} \\ &= P(r_T) \cdot [1_{\{X_T \geq 1\}} + \delta \cdot 1_{\{X_T < 1\}}] \\ &= P(r_T) \cdot [1 - (1-\delta) \cdot 1_{\{X_T < 1\}}]\end{aligned} \tag{3.73}$$

である.一般には,(3.73)式の条件下で(3.72)式を解くことにより,任意の商品の価格を得られる.ただし,解を求めるには,特殊な場合を除き数値計算(有限差分法など)を行う必要がある.

本モデルの利点の1つは,割引債(およびその集合として表される利付債)の理論価格については,解析的に解を導出できる点である.具体的には,まず境界条件を $H(T, X_T, r_T) = P(r_T) = 1$ として,(3.72)式の偏微分方程式を解く.これは,金利の期間構造モデルとしてバシチェック・モデルを採用した場

[*37] 3.2.5項(および3.3節)における $H(t, X_t, r_t)$ は,危険資産の価格関数を表しており,3.2.2項でデフォルト事象を表すダミー変数として導入した H_t とはまったく異なるものであることに注意されたい.

合に無リスク割引債の理論価格を求めることにほかならず，解析解が知られている[*38]（$P_s(t, r_t)$）とする）．次に，最終的な解の形式を

$$H(t, X_t, r_t) = P_s(t, r_t) \cdot [1 - (1-\delta)Q(t, X_t, r_t)] \quad (3.74)$$

と記した上で，(3.72) 式に代入すると，$Q(t, X_t, r_t)$ が満たすべき偏微分方程式が得られる．Longstaff and Schwartz (1995 a) は，これを解析的に解くことに成功した（具体的な解は，複雑であるため省略）．

この計算方法を実際に運用する上では，各種のパラメータの推定が問題となる．Longstaff and Schwartz (1995 a) によれば，金利の変動過程 (3.71) 式に含まれる α，β，σ_2 については過去の金利データおよび債券価格データから推定可能である．また，状態変数 X_t に関連したパラメータ（σ_1 および ρ）は，個々の企業（ないし産業）にかかる過去のデータから推定できる．現在の状態変数 X_t の水準については，外生的に V_t および K の推定値を与えることにより決定可能であるが，当該企業が複数の債券を発行している場合には，そのうちの1つの債券（最も流動性が高く，したがって価格形成が合理的であると考えられる債券を選択する）の市場価格からインプライされる X_t を算出し，それをもとに他の債券の理論価格を推定することも可能である．

3.3 クレジット・デリバティブズのプライシング

企業の信用度に関連した指標（例えば格付けやクレジット・スプレッドなど）を原資産とし，その将来の水準に応じてペイオフが決まるというクレジット・デリバティブズ取引が増加傾向にあり，注目を集めている．これらの商品概要を解説した文献は多数存在する[*39]．一方，そのプライシングの理論について体系的に整理した解説はあまり見当たらない．また，業者として取引を行っている金融機関の中で具体的にどのような検討・運用がなされているのかも必ずしも明らかではない．そこで，3.3節では，これまでに得た知識を踏まえ，クレジット・デリバティブズのプライシングに関する問題の切り口をまとめる

[*38] 解析解の具体的な形式は，Hull (2000) などの標準的な教科書を参照．
[*39] クレジット・デリバティブズに関する包括的な解説書としては，例えば Das (1998) をあげられる．

ことにする.

 実際の市場におけるクレジット・デリバティブズの価格は,「需給に基づいて決まる」といわれることが多い. 現状ではクレジット・デリバティブズのマーケット・メーカーの数は必ずしも多くない上, 需要・供給のボリュームもやはり多くはないのが実状であるから, 市場では商品性に応じた競争的価格形成が行われておらず, むしろ, 取引主体のバーゲニング・パワーなどに依存して価格が形成されている面があろう. ただ, クレジット・デリバティブズの価格設定・評価を行う上での参考情報として, 理論価格を知っておきたいというニーズはあり, マーケット・メーカーなどは, 「アセット・スワップ取引における市場レートを基準に理論価格を算定する」といわれている. ただ, 実際に市場レートをどのように調整して最終的な理論価格を得るのか具体的なプロセスは必ずしも明らかではない. 将来的に市場の競争化が進めば[*40], 市場参加者にとって正確な理論価格の把握が不可欠になることは確実である. したがって, クレジット・デリバティブズの理論価格の導出方法を整理するのは重要であると考えられる.

3.3.1 取引種類別にみたプライシング方法の分類

 はじめに, クレジット・デリバティブズの具体的な商品内容について説明する. 代表的な商品スキームとして, 5つのタイプ[*41]((a)〜(e))を順にみていこう[*42].

 (a) クレジット・デフォルト・スワップ

 特定の企業の社債やローンを原資産(これをレファレンス資産と呼ぶ)とするデリバティブズ取引である. レファレンス資産の信用リスクをヘッジするサイドは, 信用リスク・スプレッドに対応した手数料を支払う. 手数料の受払いは, 変動金利と固定金利を交換する金利スワップの形態にとり込まれること

[*40] クレジット・デリバティブズ市場の状況をみると, マーケット・メイクを行う銀行やブローカーが増加傾向にあり, 今後徐々に市場の競争化が進んでいくようにも見受けられる.

[*41] ここでは, J. P. Morgan & Co. (1996 a, b) における整理に基づき, 各種クレジット・デリバティブズの商品性をまとめた.

[*42] 実際の取引形態や契約形態には多様なバリエーションがあるが, ここではそれらのベースになる商品の概要を説明する.

が多く，通常，固定金利（いわゆるスワップ・レート）に当該手数料を上乗せしたキャッシュフローを受渡しする．レファレンス資産にデフォルトなどのクレジット・イベントが発生した場合には，信用リスクを引受けて上記手数料を受けとっていたサイドが，ロス見合い額（ペイオフ）をヘッジ・サイドに支払う．したがって，本取引の経済効果は，レファレンス資産の発行企業のデフォルトに対する保険であるといえる．本商品は，別名で（単に）クレジット・スワップと呼ばれたり，デフォルト・プットと呼ばれたりすることもある．

なお，本商品は，ペイオフの決定スキームに応じて次の3通りに細分化可能である．

- (a-1) 時価評価型ペイオフ：デフォルトしたレファレンス資産の時価が額面を下回っている分を支払う取引．
- (a-2) 交換型ペイオフ：デフォルトしたレファレンス資産と引き替えに，債券の額面を支払う取引．
- (a-3) 事前約定型ペイオフ：デフォルト時に支払う固定金額を事前に約定しておく取引．

（b）トータル・レート・オブ・リターン・スワップ（以下，TRORスワップ）

レファレンス資産の信用リスクをヘッジするサイドは，一定期間中にレファレンス資産から得るすべてのキャッシュフロー（利息収入や手数料収入などのインカム・ゲインと，資産価格の増減にともなうキャピタル・ゲイン・ロス）を信用リスクの引受けサイドに支払うとともに，変動金利（LIBORなど）に一定のマージンを加えた（ないし差し引いた）額を受けとる．キャピタル・ゲイン・ロス見合いのキャッシュフローについては，本取引の契約期間中に定期的にレファレンス資産を時価評価することによって決める（このため，レファレンス資産には市場性が要求される）．なお，本商品は，別名で（単に）トータル・リターン・スワップとも呼ばれる．

（c）クレジット・リンク債

レファレンス資産のデフォルト時には，債券の償還（全額または一部）が免除されるという約定を付し，その見返りとして債券のクーポンに信用リスクプレミアム相当が上乗せされた形で発行される債券をクレジット・リンク債と

いう．

　（d）　クレジット・スプレッド商品

　レファレンス資産の利回りと無リスクの国債利回りとのスプレッドを原資産とする取引であり，フォワードあるいはオプションの取引形態をとり得る．クレジット・スプレッド・フォワードでは，取引締結時点で決められたスプレッド（スプレッド・フォワード・レート）と取引満期時点で実現したスプレッドの差に基づいてキャッシュフローが受け渡しされる．クレジット・スプレッド・オプションは，取引満期時点でのスプレッドと行使レートとの関係に基づいて，ペイオフが受け渡しされる．

　（e）　その他のデリバティブズ商品

　（a）～（d）のほかにも，多様な商品が存在する．一例としては，デフォルト可能性のある債券（事業債など）を直接の原資産とするコール・オプションやプット・オプションなどをあげることできる．

　次に，これらの典型的なクレジット・デリバティブズの各カテゴリーを，そのプライシング方法に応じて分類すると以下のように整理可能である．

① レプリケーション法を適用してプライシング可能な商品群
- TRORスワップ

② 近似的にレプリケーション法を適用可能な商品群
- クレジット・デフォルト・スワップ（時価評価型ペイオフおよび交換型ペイオフ）

③ モデルによるプライシングが必要な商品群
- クレジット・デフォルト・スワップ（事前約定型ペイオフ）
- クレジット・リンク債
- クレジット・スプレッド商品
- その他デリバティブズ商品（例えば，デフォルト可能性のある債券を原資産とするオプション）

これらのうち①，②については，クレジット・デリバティブズといっても，経済機能的にみると，オンバランスの原資産（デフォルト可能性のある事業債など）をほぼそのままオフバランス化しただけである．元の原資産とオフバランス化されたクレジット・デリバティブズは同一のキャッシュフローをもつた

め，直接レプリケーション法を適用してプライシングすることが可能である．レプリケーションの具体例は3.3.2項で示す．一方，③の取引についてキャッシュフローをみると，原資産のキャッシュフローに依存しているものの，決して原資産のキャッシュフローそのものではなく加工を施した派生商品となっている[*43]（この点で，文字通り，クレジット・デリバティブズと呼ぶのにふさわしい）．このため，③のプライシングについては，単純なレプリケーション法では対応不可能である．したがって，3.2節で扱ったようなプライシング・モデルを利用して信用度が変化するプロセスを与えた上で各キャッシュフローを評価する必要がある．このような金融商品およびプライシング・モデルの具体例は3.3.3項で示す．

なお，クレジット・デリバティブズのプライシング問題に入る前に，3.1節と3.2節で解説の対象としたクレジット・デリバティブズ以外の諸取引とクレジット・デリバティブズとの関係を明らかにするために，それぞれの信用リスクの所在をまとめておく．すなわち以下では，各取引ごとに，トレーディング取引として扱われる場合（時価評価の視点）を（a）として，バンキング取引として扱われる場合（満期までポジション持切りの視点）を（b）として，それぞれ信用リスクが顕現化するケースを整理する．

▽ 債券（デフォルト可能性のある企業が発行した債券の購入〈3.1節，3.2節で主たる計算例として取扱い〉）
（a） 債券発行体の信用度の低下（デフォルトの発生も含む）．
（b） 債券発行体のデフォルト．
▽ スワップ（デフォルト可能性のある企業を取引相手とするプレーンなス

[*43] この事情を具体的にみると，事前約定型ペイオフをもつクレジット・デフォルト・スワップおよびクレジット・リンク債のキャッシュフローは，レファレンス資産がデフォルトするかしないかに依存するという点においてレファレンス資産自体のキャッシュフローと関連性をもつといえるが，両キャッシュフローは一般には一致しない．すなわち，これらクレジット・デリバティブズでは，レファレンス資産デフォルト時のキャッシュフローは事前に約定された固定金額であるから，必ずしもレファレンス資産の時価低下幅（キャピタル・ロス）とは一致しないわけである．このため，直接的なレプリケーションが不可能である．
　なお，クレジット・スプレッド商品およびその他デリバティブズ商品については，レファレンス資産デフォルト時のキャッシュフローの形態は商品形態に応じて多様であって，一般に，レファレンス資産のキャピタル・ロスと一致しないことは自明であろう．

ワップ取引〈3.2 節で,ダフィーらによるモデルの適用例として言及〉)
（a） 取引相手の信用度の低下.
（b） 取引相手のデフォルト かつ スワップ時価が正であること.
▽ クレジット・デリバティブズ①,②[*44]（デフォルト可能性のある企業が発行した債券にかかる信用リスクを転嫁するサイドの取引〈3.3.2 項で取り扱う〉)
（a） 原資産債券の発行体の信用度の上昇または取引相手の信用度の低下.
（b） 原資産債券の発行体のデフォルトかつ取引相手のデフォルト.
▽ クレジット・デリバティブズ③（デフォルト可能性のある企業が発行した債券にかかる信用度を原資産とするデリバティブズ取引〈3.3.3 項で取り扱う〉)
（a） 原資産債券の発行体の信用度の変化 または 取引相手の信用度の低下.
（b） 原資産債券の発行体の信用度の変化 または 取引相手のデフォルト.

これをみると,クレジット・デリバティブズの信用リスクを扱う場合の特徴として,原資産（レファレンス資産）のデフォルト可能性と取引相手のデフォルト可能性の両者を同時に評価しなくてはならない点を指摘できる.このためには,理論的に 2 種類のデフォルト可能性の相関関係を評価する必要が生じるなど,扱いが複雑となる[*45].一方現在の市場実態をみると,マーケット・メーカー以外はクレジット・デリバティブズの取引相手として上位の信用度を有する先を選ぶ場合が大半であるほか,マーケット・メーカーの視点に立っても,信用リスクの移転先としての取引相手には信用度が低い先はさほど多くないと考えられる.これらの事情を踏まえ,以下本節では,原則的に取引相手のデフォルト可能性を無視できる（取引相手の信用度が十分に高い）ケースを想定する.また,スワップ取引のように将来の時価の正負があらかじめ定まらない商品については,取引相手だけでなく自分自身のデフォルト可能性も理論価

[*44] ここには,③に分類したクレジット・デリバティブズのうち,クレジット・デフォルト・スワップとクレジット・リンク債を含めて考える.
[*45] プライシング上の扱いが複雑になるばかりでなく,金融機関が内部でリスク管理を行う上での負担も増加する点には注意を要する.

格に反映される筋合いにあるが，議論を簡単にするために，自分のデフォルト可能性も無視することとする．したがって，以下，プライシングを行う上で評価する必要があるのは，主として原資産にかかる信用リスクだけである．

3.3.2 レプリケーションによるプライシング

3.3.1項で分類した①および②に属するクレジット・デリバティブズの理論価格は，レプリケーション法を利用して導出可能である．ここではその具体的な考え方を示す．

a. 取引相手のデフォルト可能性を勘案しないプライシング

はじめに，TRORスワップをどのようにレプリケーション可能であるか考えると，図3.1のように整理できる．これによると，TRORスワップによって信用リスクをテイクする（デフォルト時にはキャピタル・ロスを支払う義務を負う）側の取引を実行することと事業債の現物に投資をすること（ファンディングはマネー・マーケットで調達）では，経済的な効果は（TRORスワップにおける手数料の存在を除き）基本的に同一である[*46]．したがって，無裁定条件の成立を前提とすれば，TRORスワップの仕組みの中で設けられている手数料は，理論的にはゼロになるはずである．ただ実際には，後述のように，TRORスワップを締結する両者の間に信用力の格差がある場合など取引相手のデフォルト可能性を考慮しなくてはならない局面では，この手数料の設定によって調整を行うこととなる．

次に，クレジット・デフォルト・スワップ（時価評価型または交換型ペイオフ）について同様の議論を行うと，図3.2のように整理可能である．これによると，クレジット・デフォルト・スワップによって信用リスクを引き受ける対価として保証料を稼ぐという取引を実行することと，アセット・スワップ[*47]を取引することでは，経済的な効果が互いに近似的に等しい．ここで近似という意味は，次の2つの相違点にかかる効果が軽微であると考え，その差異を捨

[*46] ここでは，ファンディングを行うことにともなう事務コストや会計上のコスト（バランスシートが膨らむことによる経営指標の悪化）などを捨象して考える．

[*47] アセット・スワップとは，債券（事業債など）に投資するとともに，同債券から受け取る固定金利を変動金利に替える金利スワップを付した取引である．

```
┌─────────────────────────────────────────────────────────────┐
│ TROR スワップによる信用リスクの引受け                        │
│ ＝TROR の受取り＋無リスク変動金利の支払い＋手数料受渡し      │
│ ＝「無リスク固定金利＋事業債信用スプレッド」の受取り          │
│  ＋事業債キャピタル・ゲインの受取りないしキャピタル・ロスの支払い │
│  ＋無リスク変動金利の支払い                                  │
│  ＋手数料受渡し                                              │
└─────────────────────────────────────────────────────────────┘

                     〈レプリケーション〉

┌─────────────────────────────────────────────────────────────┐
│ [マネー・ファンディング]＋[事業債投資]                       │
│ ＝[無リスク変動金利の支払い]                                 │
│  ＋[「無リスク固定金利＋事業債信用スプレッド」の受取り        │
│  ＋事業債キャピタル・ゲインの受取りないしキャピタル・ロスの支払い] │
└─────────────────────────────────────────────────────────────┘
```

図 3.1　TROR スワップのレプリケーション

象するということである．相違点の第1は，事業債のデフォルト時において，アセット・スワップ取引では金利スワップの清算（反対取引による手仕舞い）に要する再構築コストが計上されるのに対し，クレジット・デフォルト・スワップではそうした効果は存在しないことである．第2は，クレジット・デフォルト・スワップの満期までに事業債がデフォルトしなかった場合に同満期時点で実現するキャッシュフローに着目すると，アセット・スワップ取引では事業債の清算（売却）にともないキャピタル・ゲイン（ロス）が発生するのに対し，クレジット・デフォルト・スワップではそのような効果は存在しないことである．この差を無視するという近似のもとでは，図 3.2 から，クレジット・デフォルト・スワップの保証料は事業債信用スプレッド（市場では，いわゆるアセット・スワップ・レートとして観測される）に一致するとの結論を得る．

このようなクレジット・デフォルト・スワップに対する近似的レプリケーションの議論については，上記と同じ内容をやや異なる視点からみることも可能である．具体例を使って説明すると，例えば，格付けがA格の事業債をレファレンス資産とするクレジット・デフォルト・スワップをAAA格の取引相手と締結することにより保証を購入した場合，元のA格事業債の信用度が実質的に上昇し無リスクの状態（AAA格レベル）に向上したとみなすことができる．したがって，クレジット・デフォルト・スワップの購入にともなう付加価値は，AAA格事業債・A格事業債間の利回りスプレッドに対応するキャッシ

```
┌─────────────────────────────────────────────────────┐
│ クレジット・デフォルト・スワップによる信用リスクの引受け │
│ ＝保証料（手数料調整後）の受取り                      │
│   ＋デフォルト時におけるキャピタル・ロスの支払い      │
└─────────────────────────────────────────────────────┘
                         ↕
                  〈近似的レプリケーション〉

┌─────────────────────────────────────────────────────┐
│ ［マネー・ファンディング］＋［金利スワップ］＋［事業債投資］ │
│ ＝［無リスク変動金利の支払い］                        │
│   ＋［無リスク変動金利の受取り＋無リスク固定金利の支払い］│
│   ＋［「無リスク固定金利＋事業債信用スプレッド」の受取り］│
│   ＋事業債キャピタル・ゲインの受取りないしキャピタル・ロスの支払い］│
│ ＝事業債信用スプレッドの受取り                        │
│   ＋事業債キャピタル・ゲインの受取りないしキャピタル・ロスの支払い│
└─────────────────────────────────────────────────────┘
```

図 3.2 クレジット・デフォルト・スワップのレプリケーション

ュフローの割引現在価値であり，これがクレジット・デフォルト・スワップにおける保証料としてのキャッシュフローの割引現在価値に一致すべきである．したがって，市場で格付け間のスプレッド格差を観測することにより，保証料の理論値を算定可能である．

b. 取引相手のデフォルト可能性に対するプライシング上の扱い

上記の議論ではクレジット・デリバティブズの取引相手のデフォルト可能性を無視した場合の理論価格を扱ったが，現実には，どのような取引相手にもデフォルトの可能性がないとはいえないため，正確な理論価格を算出するにはその効果をプライシング・モデルにとり入れる必要がある．理論的には，3.2節で論じた各種プライシング・モデルにおいて取引相手のデフォルトを表現する新たな確率変数を追加した上，その確率変数の動向次第でどのようなキャッシュフローが発生するかを記述し，リスク中立期待値を計算して理論価格を得ることが可能である．ただ実際には，新たな確率変数を追加するとそれだけリスク中立確率の推定が困難化するなど，実務面での運用が難しくなるという問題が残る．

では，取引相手のデフォルト可能性について，現在実務的にどのような扱いがなされているのであろうか．例えば，クレジット・デリバティブズのマーケット・メーカーの1社である J. P. Morgan が情報ベンダーを介してクォートしているクレジット・デフォルト・スワップ・レートの画面には，特にオファ

一・レート（すなわち，J. P. Morgan の取引相手がレファレンス資産の信用リスクをとるサイドの取引に対するレート）について，「クォート・レートはベスト・レート（信用度が十分に高い相手に対するレート）であること，したがって取引相手の信用度に応じたチャージ[*48]をベスト・レートから差し引く場合がありうること」を留保している．このチャージが理論的なプライシング・モデルに基づき算定されたのか，実務上の経験から概算したものであるかは明らかではない．ただ，理論上だけでなく実務上も，取引相手のデフォルト可能性（いわゆるカウンターパーティ・リスク）が何らかの形で評価されていることは確かであろう．

3.3.3 モデルを利用したプライシング

3.3.3項では，3.3.1項で③に分類したクレジット・デリバティブズの中で，特にクレジット・スプレッド・オプション（クレジット・スプレッド商品の一種）および信用リスクを有する債券を原資産とするオプション（その他デリバティブズ商品の一種）の2つをとりあげ，それぞれをプライシングするために考案されたモデルを簡単に紹介する．

なお，③に属するクレジット・デリバティブズをプライシングするにはモデルを利用する必要があることは前述の通りであるが，具体的なモデルの形態については，対象とする金融商品に応じて特別な制約があるわけではない．例えば，本項で紹介するモデルの代わりに，3.2節で扱った一般的なプライシング・モデルを利用することも可能である[*49]．

a．クレジット・スプレッド・オプションのプライシング・モデル

まず，Longstaff and Schwartz (1995b) によって提案されたクレジット・スプレッド・オプションのプライシング・モデルの概要を紹介する．この方法の特徴は，取引相手のデフォルト確率や企業価値を確率変数とみなすのではな

[*48] このチャージのレベル感を知る上での参考情報として，1997年2月の1時点において，期間3年の取引で 0.0～2.5 bp，期間5年の取引で 0.0～5.0 bp 程度とされていたことを付記しておく（ただし，こうしたチャージは常に変化する可能性がある点に注意が必要）．

[*49] この事情は，3.1節のリスク・キャップ法で VaR を算定する際に信用度の変動過程について何らかのモデルを想定する必要があったが，その形態について原理的な制約は何もなく，いかに実証データの説明力を高めるかが重要であったのと同様である．

く，クレジット・スプレッド自体を確率変数としてモデル化の対象としている点である．

具体的には，時点 t におけるクレジット・スプレッドの対数値を X_t と表記し，これが平均回帰性をもった正規過程（短期金利の変動過程に関するモデルとして有名なバシチェック・モデルと同一の形態）に従うとする．

$$dX_t = (a - bX_t)\,dt + \sigma_1 dB_t^1 \tag{3.75}$$

また，短期金利 r_t の変動過程については，バシチェック・モデルを採用する．

$$dr_t = (\alpha - \beta r_t)\,dt + \sigma_2 dB_t^2 \tag{3.76}$$

(3.75), (3.76) 式ともに，リスク中立ベースでの表現である．また，a, b, α, β は平均回帰性に関連したパラメータ，σ_1, σ_2 はボラティリティ・パラメータであり，dB_t^1, dB_t^2 は標準ブラウン運動（両者の相関は ρ）を表す．対象とする危険資産の価格を $H(t, X_t, r_t)$ と書くことにすると，(3.75), (3.76) 式は，次の偏微分方程式に変換できることが知られている．

$$\frac{\partial H}{\partial t} + (a - bX_t)\frac{\partial H}{\partial X_t} + (\alpha - \beta r_t)\frac{\partial H}{\partial r_t} + \frac{1}{2}\sigma_1^2 \frac{\partial^2 H}{\partial X_1^2} + \rho\sigma_1\sigma_2 \frac{\partial^2 H}{\partial X_t \partial r_t} + \frac{1}{2}\sigma_2^2 \frac{\partial^2 H}{\partial r_t^2}$$
$$= r_t H \tag{3.77}$$

Longstaff and Schwartz (1995 b) は，クレジット・スプレッド（$= e^{X_t}$）を原資産とし，満期 T，行使価格 K のヨーロピアン・コール・オプションの理論価格を求めるために，境界条件として，

$$H(T, X_T, r_T) = \max[0, e^{X_t} - K] \tag{3.78}$$

を設定した上で (3.77) 式を解き，解析解を導出した．解析解は，形式的には，ブラック-ショールズの公式によって与えられる株価を原資産とするプレーンなヨーロピアン・コール・オプションの理論価格と類似している（ただし，パラメータの内容が非常に複雑であるため，本項では具体的な解は掲載しない）．なお，ヨーロピアン・コール・オプション以外にも，あらゆるペイオフをもつクレジット・スプレッド商品に対して (3.77) 式は有効であるが，解の導出に当たっては一般には有限差分法などの数値計算を行う必要がある．

b. 信用リスクを有する債券を原資産とするオプションのプライシング・モデル

Das (1995) は，信用リスクを有する債券（ここでは，事業債として代表させる）を原資産とするオプション（同論文では CRO〈credit risk option〉と呼称）のプライシング方法を提案した．ここではそのエッセンスを紹介する上で，事業債発行体の全負債は当該事業債だけから構成される（他の種類の負債がない）という仮定を置いて話を進める．

プライシングは，次の2つのステップからなる．第1に，CRO 満期時点 T における事業債（原資産）の価格 B_T を表現する．前提として，事業債発行体の企業価値 V_t が対数正規過程（ボラティリティは σ）に従うと仮定する．このとき，事業債の価格 B_T は，同額面 F の現在価値 $PV_T(F)$ からヨーロピアン・プット・オプション（原資産は事業債発行体の企業価値，行使価格は事業債の額面総額，満期は事業債の満期 T'）の理論価格 $Put(V_T, F, T'-T, \sigma)$ を差し引いた金額で与えられる．すなわち，

$$B_T = PV_T(F) - Put(V_T, F, T'-T, \sigma) \tag{3.79}$$

となる．これは，Merton (1974) に沿った考え方である．なお，関数 $Put(\cdot)$ は，ブラック-ショールズの公式で与えられる．第2に，CRO（事業債オプション〈以下ではプット・オプションを想定する〉，行使価格 K）の理論価格を導出するには，CRO 満期時点 T におけるペイオフを

$$\max[0, K - B_T] \tag{3.80}$$

として，これをリスク中立確率の下で現在価値に割り戻せばよい．(3.79) 式および (3.80) 式をみると，CRO の原資産価格 B_T が別のオプションの価格として与えられることがわかる．こうした金融商品は，コンパウンド・オプション（または，オプション・オン・オプション）と呼ばれ，理論価格が知られている．以上の考え方に基づき，Das (1995) は，CRO の理論価格の解析解を導出した（具体的な解は省略）．なお，同論文では，無リスク金利のダイナミクスを HJM モデルによって記述したり，企業価値 V_t をマルチファクター・モデルによって記述したりすることにより，上記で紹介した最も簡単な考え方の拡張を試みている．

3.4 終わりに

　第3章では，金融商品のプライシングにおいて信用リスクを反映させるための方法論を実務・理論の両面から整理した．解説に当たっては，各種方法論の背景にあるロジックを解き明かすことに重点を置き，市場データを用いたモデルのパラメータ・キャリブレーションの実例を示すことには踏み込まなかった．ただ，ここで示した主たる考え方を理解しておけば，市場データを入手して実際に理論価格を導出することは原理的に可能であろう．

　注意しなければならないのは，既に言及したように，信用リスクをとり入れた理論価格の多くは近似や誤差を有しており，その精度を認識しておくことが実務上不可欠である点である．理論的に整ったプライシング・モデルであっても，必ず前提としていくつかの仮定を置いているはずである．特に信用リスクを扱おうとすると，モデルによる単純化が容易ではない問題が少なくないのが現実である．例えば，担保や保証の効果をどのように評価すべきか，コブナンツの効果はどうか，より一般的には回収率の扱いをどのように行うのが最適か，といった問題などがあげられる．また，本文中にも留保したように，流動性リスク・プレミアムやオーバーヘッドなど諸コストの転嫁をどのようにプライシングにとり入れるべきかも，実務上は不可避の問題である．

　ただ，プライシング・モデルにこうした限界があるからといって，その利用価値がなくなるわけではない．1990年代前半には定量的な分析がさほど浸透していなかったこの分野の状況を思い起こせば，近年の理論的発展と実務への応用姿勢は高く評価されよう．金融業界にとっての今後の課題は，信用リスク関連データベースなどのインフラ整備を進めつつ，より正確なプライシング・モデルの開発を模索し，同時に価格情報・リスク情報を金融機関経営の中で有効に活用できる体制作りを推進することであろう．

参 考 文 献

池森俊文,「信用リスクを計測する方法について」,『金融工房』, 1997年, 3月.
王京穂・佐上啓,「信用リスクの数量化とプライシング」, 理財工学研究部会（東京工業大

学）講演論文，1997 年，5 月．
小田信之・村永淳，「信用リスクの定量化手法について―ポートフォリオのリスクを統合的に計量する枠組みの構築に向けて―」，『金融研究』，第 15 巻第 4 号，日本銀行金融研究所，1996 年，11 月．
木島正明，『ファイナンス工学入門第 II 部 派生証券の価格付け理論』，日科技連出版社，1994．
木島正明・小守林克哉，『信用リスク評価の数理モデル』，シリーズ〈現代金融工学〉，朝倉書店，1999．
シュワルツ，エデュアルド，「デフォルト・リスクを持つ負債の評価とクレジット・デリバティブ」，第 7 回日興インベストメントリサーチセミナー講演資料，日興證券投資工学研究所，1996．
室町幸雄・浅原大介，「信用リスクの計量化とその応用」，信用リスク管理セミナー（日本 IBM 株式会社）講演資料，1997 年，5 月．
Basu, S. N. and H. L. Rolfes, Jr., *Strategic Credit Management*. John Wiley & Sons, 1996.
Das, S. R., "Credit Risk Derivatives." *Journal of Derivatives*, **2** (3), 1995, pp. 7-23.
Das, S. R. and P. Tufano, "Pricing Credit-Sensitive Debt When Interest Rates, Credit Ratings and Credit Spreads Are Stochastic." *Journal of Financial Engineering*, **5** (2), 1996, pp. 161-198.
Das, S., (ed.) *Credit Derivatives : Trading & Management of Credit & Default Risk*. John Wiley & Sons, 1998.
Dothan, M. U., *Prices in Financial Markets*. Oxford University Press, 1990.
Duffie, D., *Dynamic Asset Pricing Theory*. Second Edition, Princeton University Press, 1996.
Duffie, D. and M. Huang, "Swap Rates and Credit Quality." *Journal of Finance*, **51** (3), 1996, pp. 921-949.
Duffie, D., M. Schroder and C. Skiadas, "Recursive Valuation of Defaultable Securities and the Timing of Resolution of Uncertainty." *Annals of Applied Probability*, **6** (4), 1996, pp. 1075-1090.
Duffie, D. and K. J. Singleton, "Econometric Modeling of Term Structures of Defaultable Bonds." Working Paper, Graduate School of Business, Stanford University, 1994.
Elliott, R., *Stochastic Calculus and Applications*. Springer-Verlag, 1982.
Harrison, M. and S. Pliska, "Martingales and Stochastic Integrals in the Theory of Continuous Trading," *Stochastic Processes and Their Applications*, **11**, 1981, pp. 215-260.
Hull, J., *Options, Futures, and Other Derivative Securities*. Fourth Edition, Prentice Hall, 2000.
Hull, J. and A. White, "The Impact of Default Risk on the Prices of Options and Other Derivative Securities." *Journal of Banking and Finance*, **19**, 1995, pp. 299-322.
Hurley, W. J. and L. D. Johnson, "On the Pricing of Bond Default Risk." *Journal of Portfolio Management*, Winter 1996, pp. 66-70.
Jarrow, R. A., D. Lando and S. M. Turnbull, "A Markov Model for the Term Structure of Credit Risk Spreads." *Review of Financial Studies*, **10** (2), 1997, pp. 481-523.

Jarrow, R. A. and S. M. Turnbull, "Pricing Options on Financial Securities Subject to Credit Risk." *Journal of Finance*, **50** (1), 1995, pp. 53-86.

Johnson, H. and R. Stulz, "The Pricing of Options with Default Risk." *Journal of Finance*, **42** (2), 1987, pp. 267-280.

J. P. Morgan & Co., "Credit Derivatives An Innovation in Negotiable Exposure." Working Paper, March 1996 a.

J. P. Morgan & Co., "Credit Derivatives: Structures and Applications." Working Paper, March 1996 b.

J. P. Morgan & Co., *CreditMetrics™ - Technical Document*. April 1997.

Karagiannis, E., "Credit Spread and Fair Value in the Corporate Market." *Financial Analysts Journal*, July/August 1994.

Litterman, R. B. and K. D. Winkelmann, "Managing Market Exposure: Levering Your Covariance Matrix to Control Market Risk." *Journal of Portfolio Management*, Summer 1996, pp. 32-48.

Longstaff, F. and E. Schwartz, "A Simple Approach to Valuing Risky Fixed and Floating Rate Debt." *Journal of Finance*, **50** (3), 1995 a, pp. 789-819.

Longstaff, F. and E. Schwartz, "Valuing Credit Derivatives." *Journal of Fixed Income*, June 1995 b.

Madan, D. B. and H. Unal, "Pricing the Risks of Default." Working Paper, College of Business, University of Maryland, 1993.

Merton, R. C., "On the Pricing of Corporate Debt: The Risk Structure of Interest Rates." *Journal of Finance*, **29**, 1974, pp. 449-470.

Wong, K. P., "On the Determinants of Bank Interest Margins under Credit and Interest Rate Risks." *Journal of Banking and Finance*, **21**, 1997, pp. 251-271.

索　引

欧　文

Arrow‐Debreu 証券　87, 88, 91, 95, 135, 137
Black-Derman-Toy（BDT）モデル　67, 68, 69, 78, 80, 105, 106, 115
Black-Karasinski モデル　67, 68, 69, 78
Brace‐Gatarek‐Musiela（BGM）モデル　68
Brennan-Schwartz モデル　68
capital asset pricing model（CAPM）　127, 128, 130
Cox‐Ingersoll‐Ross（CIR）モデル　67, 68, 69, 78
Cox-Ross-Rubinstein の方法　113
credit risk option（CRO）　162
Doob-Meyer 分解　145
generalized Ito's lemma　146
Heath‐Jarrow‐Morton（HJM）モデル　67, 97, 98, 103
Hull-White（HW）モデル　67, 68, 69, 72, 79
IAS　18
ISO　17
Longstaff-Schwartz モデル　68
PDE　20, 22, 71
reduced form models　134
structural models　134
TROR スワップ　153, 154, 157, 159
VaR（value at risk）　127
Vasicek モデル　67, 68, 69, 78, 149, 161

ア　行

アウトパフォーマンス・オプション　18
アセット・スワップ　152, 157
アミンとモートンの研究　99
アロー-デブリュー証券　87, 88, 91, 95, 135, 137
アンシステマティック・リスク　128, 129, 130, 132

一般化された伊藤の補題　146
一般化ボラティリティ　78
伊藤の補題　21
イールドカーブ・モデル　63, 66
インプライド・ボラティリティ　65, 107

エギゾティック・オプション　24
エギゾティック・デリバティブズ　5, 65
エクィティ・スワップ　15
エンベディド・オプション　5

オプション　4
オフバランス化　154

カ　行

回収率　123, 126, 146
回収率調整後デフォルト確率　123, 125, 146, 147
解析解　23, 29
カウンターパーティ・リスク　160
カウンティング・プロセス　144

索　引

格付け遷移確率　143
仮想為替レート　140
完備　122, 124
ガンマ・ディーリング　34, 35
ガンマ・リスク　43

基準財　136
キャリブレーション　62, 69, 70, 81, 86, 97, 101, 103, 149
鏡像　52
鏡像原理　51
均衡モデル　69, 133, 135
金利オプション　112
金利期間構造　63
金利デリバティブズ　62, 63, 98

クゥオント・オプション　4, 16
クゥオント・スワップ　15
クランク-ニコルソン法　28
クレジット・イベント　153
クレジット・スプレッド　123, 144, 161
クレジット・スプレッド・オプション　154, 160
クレジット・スプレッド・フォワード　154
クレジット・スワップ　153
クレジット・デフォルト・スワップ　152, 153, 154, 157, 158, 159
クレジット・デリバティブズ　4, 151, 157
　——の商品内容　152
　——の信用リスク　156
クレジット・リンク債　153, 154
クロス・オプション　14
クロス・ガンマ・リスク　14, 43

経路依存性　26, 28, 32
原資産　2
現物・先物価格間の裁定関係　59

格子法　25, 30, 82
公正価格　129, 136, 139
構造モデル　134
国際スプレッド・オプション（ISO）　17
コックス-インガソル-ロス（CIR）モデル　67, 68, 69, 78
　拡張——　78
コリレーション　14, 46, 47
コリレーション・デリバティブズ　14, 42
コリレーション変動リスク　14, 42, 43, 47
コンパウンド・オプション　162
コンベクシティ・リスク　45

サ　行

再結合ツリー　26, 84, 96
採算価格　129, 139
先物オプション　58
三項格子法　25, 81, 83, 85, 88, 90, 94, 96
残余リスク　34, 44, 46

事業債　147
事業債オプション　162
市場裁定取引　6
市場の完備性　124, 125
指数アモチゼーション・スワップ（IAS）　18
システマティック・リスク　129, 130, 132
自動行使型オプション　11
資本コスト　127
ジャローとターンブルらによるプライシング・モデル　134, 140, 144
ジャンプ・プロセス　134
自由境界問題　27
状態遷移確率行列　141
状態変数　149
シングルファクター・モデル　68
信用度変動リスク　131
信用リスク　119, 121, 132, 155
　——をとり込んだVaR　127

スタティック・ヘッジ　34, 36, 38, 42, 44, 45, 57
ストック・オプション　3
スプレッド　148
スプレッド・オプション　18, 48
スペキュレーション　6
スポットレート・モデル　66, 67

スワップション　112

正規分布　56
生存確率　138
遷移確率行列　143

相関　4, 14
相対取引　5

タ 行

対称変数法　29
対数正規過程　106
ダイナミック・ヘッジ　33, 35, 42, 43, 46
ダフィーらによるプライシング・モデル　134, 143, 144

ディスカウント方式　64
ディフ・スワップ　16, 44
デフォルト確率　123, 131, 137, 139, 143
　　リスク中立——　137, 138
　　累積——　126
デフォルト発生のメカニズム　149
デフォルト・プット　153
デリバティブズ　2, 19
デルタ　114
デルタ・ディーリング　35
デルタ・ニュートラル　33
デルタ・リスク　43

ドゥーブ-メイヤー分解　145
投機　6
トータル・リターン・スワップ　153, 154, 157, 158
トータル・レート・オブ・リターン・スワップ　153, 154, 157, 158
取引所取引　5
ドリフト関数　66, 99

ナ 行

内包的なオプション　5

二項格子法　25, 38, 81, 96, 105
二項ツリー　108, 110, 112

ノックアウト・キャップ　31
ノックアウト境界線　40
ノックアウト（ノックイン）オプション　5, 7, 9, 10, 29, 36, 38, 57
　　——価格　7
　　——の価格式の解析解　50, 55

ハ 行

バシチェック・モデル　67, 68, 69, 78, 149, 161
バスケット・オプション　3, 18
バックワード・インダクション　26, 32, 94
パラメータ　19
バリア・オプション　8
　　アウトサイド・——　12
　　ダブル・——　11
　　遅延スタート・——　12
バリア価格　7
バリュー・アット・リスク　127
ハル-ホワイト（HW）モデル　67, 68, 69, 72, 79, 97
　　拡張——　76, 77, 90
　　基本——　72, 86

ヒース-ジャロー-モートン（HJM）モデル　67, 97, 98, 103
非マルコフ過程　99

ファインマン-カッツの定理　23
フォワード・インダクション　88, 95
フォワード・モデル　66, 67
プライシング　19, 62, 70, 93, 112, 119, 121, 132, 151, 157
ブラック-カラシンスキ・モデル　67, 68, 69, 78
ブラック-ショールズ　20, 24, 29
ブラック-ショールズ・モデル　20, 64, 65
ブラック-ダーマン-トーイ（BDT）モデル　67, 68, 69, 78, 80, 97, 105, 106, 115

ブラック・モデル 65
ブレース-ガタレック-ムジエラ（BGM）モデル 68
プレーン・オプション 37
ブレナン-シュワルツ・モデル 68
分散投資 129

ペイオフ 2
平均回帰 64, 73, 77, 80, 106, 116
ベガ・ディーリング 34, 35
ベガ・リスク 43, 47
ベータ法 128, 130
偏微分方程式（PDE） 20, 22, 71
変量コントロール法 29

ポアソン・プロセス 134, 144
保険デリバティブズ 4
ボラティリティ 4, 47, 73, 75, 110
　──関数 66, 99, 101
　──の期間構造 63, 78, 90, 105, 106, 116
ホー-リー・モデル 78, 80, 97

マ 行

マーケットレート・モデル 67, 68
マルコフ過程 26, 72, 84
マルコフ連鎖モデル 141
マルチファクター・モデル 68
マルチンゲール 133, 136, 145
　等価── 24

無裁定条件 69, 87, 98, 105, 122, 124, 133
無裁定モデル 69, 73, 79, 87, 105, 133, 135
無リスク金利 126

モンテカルロ・シミュレーション法 28, 32

ヤ 行

有限差分法 24, 26, 32

陰的── 28
陽的── 28
誘導型モデル 134

与信集中リスク 131

ラ 行

離散過程 82
離散近似 25, 26
リスク・キャピタル法（リスク・キャップ法） 126
リスク中立 73
リスク中立確率 24, 53, 69, 107, 136, 141
リスクの市場価格 69, 128
リスクプレミアム 121, 123, 125, 126, 127, 128, 129, 135, 138, 139
　状態間遷移に関する── 142
リスク・ヘッジ 6, 33, 42
リベート 11
流動性リスク 121

ルックバック・オプション 5, 30, 51

レファレンス資産 152, 153, 154, 156
レプリケーション 34, 121, 124, 135, 154, 157, 158, 159
連続過程 82

ローカル・ボラティリティ 73
ロングスタッフ-シュワルツ・モデル 68
ロングスタッフとシュワルツによるプライシング・モデル 134, 149

ワ 行

割引 121, 125, 147

著者略歴

小田 信之（おだ のぶゆき）

1964年 名古屋市に生まれる
1987年 東京大学理学部物理学科卒業
1989年 東京大学大学院理学系研究科修士課程修了
同 年 日本銀行入行．
       考査局，調査統計局等を経て，
現 在 日本銀行金融研究所兼金融市場局調査役
       カリフォルニア大学バークレー校経営学修士（MBA）
       米国 Chartered Financial Analyst（CFA）

〔主論文〕
"Estimating Fair Premium Rates for Deposit Insurance Using Option Pricing Theory : An Empirical Study of Japanese Banks," Bank of Japan, *Monetary and Economic Studies* **17**(1), 1999.
"A New Framework for Measuring the Credit Risk of a Portfolio : The "ExVaR" Model," with Jun Muranaga, *Monetary and Economic Studies* **15**(2), 1997.
"Prospects for Prudential Policy : Toward Achieving an Efficient and Stable Banking System," with Tokiko Shimizu, *Monetary and Economic Studies* **18**(1), 2000.
"Further Monetary Easing Policies under the Non-negativity Constraints of Nominal Interest Rates : Summary of the Discussion Based on Japan's Experience," with Kunio Okita, *Monetary and Economic Studies* **19**(S-1), 2001.

ファイナンス・ライブラリー 1
金融デリバティブズ　　　　　　　定価はカバーに表示

2001年3月20日　初版第1刷

著　者　小　田　信　之
発行者　朝　倉　邦　造
発行所　株式会社　朝　倉　書　店
　　　　東京都新宿区新小川町 6-29
　　　　郵便番号　162-8707
　　　　電　話　03（3260）0141
　　　　Ｆ Ａ Ｘ　03（3260）0180
　　　　http://www.asakura.co.jp

〈検印省略〉

ⓒ 2001 〈無断複写・転載を禁ず〉　　シナノ・渡辺製本

ISBN 4-254-29531-6　C 3350　　　　Printed in Japan

Ⓡ〈日本複写権センター　委託出版物　特別扱い〉
本書の無断複写は，著作権法上での例外を除き，禁じられています．
本書は，日本複写権センターへの特別委託出版物です．本書を複写される場合は，そのつど日本複写権センター（電話03-3401-2382）を通して当社の許諾を得てください．

◆ ファイナンス講座〈全8巻〉◆
森平爽一郎・小暮厚之 編集

千葉大 小暮厚之著
ファイナンス講座1
ファイナンスへの計量分析
54551-7 C3333　　A5判 184頁 本体3500円

ファイナンス理論を理解し実践する為に必要な計量分析を解説。〔内容〕金融のデータ分析／確率モデル・統計モデルの基本／連続時間モデルと確率微分方程式／伊藤の公式と応用／回帰モデルと時系列モデル／条件つき分散とARCHモデル／他

青学大 池田昌幸著
ファイナンス講座2
金融経済学の基礎
54552-5 C3333　　A5判 336頁 本体4900円

〔内容〕不確実性と危険選好／平均分散分析と資本資産価格モデル／平均分散分析の拡張／完備市場における価格付け／効率的ポートフォリオとポートフォリオ分離／因子モデルと線形価格付け理論／代表的消費者の合成と経済厚生／他

筑波大 岩城秀樹著
ファイナンス講座3
デリバティブ 理論と応用
54553-3 C3333　　A5判 192頁 本体3400円

急成長するデリバティブの価値(価格)評価の方法をファイナンス理論から解説。〔内容〕デリバティブと無裁定価格評価／2項モデル／離散多期間モデルでの価格評価／連続時間モデルでの価格評価／先渡と先物／オプション／金利派生資産

慶大 森平爽一郎・MTEC 小島 裕著
ファイナンス講座4
コンピュテーショナル・ファイナンス
54554-1 C3333　　A5判 240頁 本体3800円

注目される計算ファイナンスのトピックスについて実例をあげて解説。〔内容〕コンピュテーショナル・ファイナンスとは／ツリーモデルによるオプション評価／有限差分法による偏微分方程式の数値解法／モンテカルロ法，数値積分，解析的近似

筑波大 竹原 均著
ファイナンス講座5
ポートフォリオの最適化
54555-X C3333　　A5判 180頁 本体3600円

現実の投資問題を基に分析・評価のためのモデル構築と解法を紹介。〔内容〕投資リスク管理と数理計画モデル／アセットアロケーションと最適化／株式システム運用モデル／株式ポートフォリオ最適化／下方リスクモデル／多期間投資モデル

国際大 平木多賀人・国際大 竹澤伸哉著
ファイナンス講座6
証券市場の実証ファイナンス
54556-8 C3333　　A5判 212頁 本体3800円

証券市場行動を理解するための方法論と結果の解釈。〔内容〕曜日効果と日米間の情報伝達／祝日効果／日本市場のミクロストラクチャー／金利期間構造の確率要因／金利確率モデルの推定／為替リスクの評価／クロスセクション・アノマリー

慶大 森平爽一郎編
ファイナンス講座8
ファイナンシャル・リスクマネージメント
54558-4 C3333　　A5判 208頁 本体3600円

預金保険の価値，保険の価格決定，各種の複雑な商品の設計方法など，日本の金融機関が抱えるリスク管理の重要問題にファイナンス理論がどのように活かせるかを具体的に解説。〔内容〕アセット・アロケーションの方法／資産負債管理の方法

D.P.ヘイマン／M.J.ソーベル編
中大 伊理正夫・東工大 今野 浩・
政策研究大学院大 刀根 薫監訳

確率モデルハンドブック

12103-2 C3041　　A5判 704頁 本体22000円

未来に関する不確実性の影響をどのように定量化するか等，偶然事象が主要な役割を果すモデルについて解説。特に有用な応用確率論につき，基礎理論から実際の応用まで13のテーマを指導的エキスパートが執筆したもの。〔内容〕点過程／マルコフ過程／マルチンゲールとランダムウォーク／拡散近似／確率論における数値計算法／統計的方法／シミュレーション／マルコフ連鎖／制御連続時間マルコフ過程／待ち行列理論／待ち行列ネットワーク／確率的在庫理論／信頼性と保全性

◆ シリーズ〈現代金融工学〉〈全9巻〉 ◆

木島正明 監修

都立大 木島正明・筑波大 岩城秀樹著
シリーズ〈現代金融工学〉1
経済と金融工学の基礎数学
27501-3 C3350　　A 5 判 224頁 本体2900円

解法のポイントや定理の内容を確認するための例を随所に配した好著。〔内容〕集合と論理／写像と関数／ベクトル／行列／逆行列と行列式／固有値と固有ベクトル／数列と級数／関数と極限／微分法／偏微分と全微分／積分法／確率／最適化問題

都立大 木島正明著
シリーズ〈現代金融工学〉3
期間構造モデルと金利デリバティブ
27503-X C3350　　A 5 判 192頁 本体3400円

実務で使える内容を心掛け，数学的厳密さと共に全体を通して概念をわかりやすく解説。〔内容〕準備／デリバティブの価格付け理論／スポットレートのモデル化／割引債価格／債券オプション／先物と先物オプション／金利スワップとキャップ

都立大 渡部敏明著
シリーズ〈現代金融工学〉4
ボラティリティ変動モデル
27504-8 C3350　　A 5 判 160頁 本体3400円

金融実務において最重要な概念であるボラティリティの役割と，市場データから実際にボラティリティを推定・予測する方法に焦点を当て，実務家向けに解説〔内容〕時系列分析の基礎／ARCH型モデル／確率的ボラティリティ変動モデル

ニッセイ基礎研 湯前祥二・ニッセイ基礎研 鈴木輝好著
シリーズ〈現代金融工学〉6
モンテカルロ法の金融工学への応用
27506-4 C3350　　A 5 判 208頁 本体3600円

金融資産の評価やヘッジ比率の解析，乱数精度の応用手法を詳解〔内容〕序論／極限定理／一様分布と一様乱数／一般の分布に従う乱数／分散減少法／リスクパラメータの算出／アメリカン・オプションの評価／準モンテカルロ法／Javaでの実装

統数研 山下智志著
シリーズ〈現代金融工学〉7
市場リスクの計量化とVaR
27507-2 C3350　　A 5 判 176頁 本体3400円

市場データから計測するVaRの実際を詳述。〔内容〕リスク計測の背景／リスク計測の意味とVaRの定義／リスク計測モデルの意味／リスク計測モデルのテクニック／金利リスクとオプションリスクの計量化／モデルの評価の規準と方法

都立大 木島正明・興銀第一フィナンシャル 小守林克哉著
シリーズ〈現代金融工学〉8
信用リスク評価の数理モデル
27508-0 C3350　　A 5 判 168頁 本体3400円

デフォルト（倒産）発生のモデルや統計分析の手法を解説した信用リスク分析の入門書。〔内容〕デフォルトと信用リスク／デフォルト発生のモデル化／判別分析／一般線形モデル／確率選択モデル／ハザードモデル／市場性資産の信用リスク評価

専修大 朝野煕彦・都立大 木島正明編
シリーズ〈現代金融工学〉9
金融マーケティング
27509-9 C3350　　A 5 判 240頁 本体3800円

顧客が金融機関に何を求めるかの世界を分析〔内容〕マーケティング理論入門／金融商品の特徴／金融機関のためのマーケティングモデル／金融機関のためのマーケティングリサーチ／大規模データの分析手法／金融DBマーケティング／諸事例

J.エリアシュバーグ／G.L.リリエン編
前東工大 森村英典・立大 岡太彬訓・都立大 木島正明・立大 守口 剛監訳

マーケティングハンドブック

12122-9 C3041　　A 5 判 904頁 本体24000円

〔内容〕数理的マーケティングモデル／消費者行動の予測と説明／集団的選択と交渉の数理モデル／競争的マーケティング戦略／競争市場構造の評価と非空間的木構造モデル／マーケットシェアモデル／プリテストマーケット予測／新製品拡散モデル／計算経済と時系列マーケット応答モデル／マーケティングにおける価格設定モデル／セールスプロモーションモデル／営業部隊の報酬／営業部隊の運営／マーケティングミクスモデル／意思決定モデル／戦略モデル／生産の意思決定

日銀・金融研究所 小田信之著
ファイナンス・ライブラリー2
金融リスクの計量分析
29532-4 C3350　　A5判 190頁 本体3600円

金融取引に付随するリスクを計量的に評価・分析するために習得すべき知識について、"理論と実務のバランスをとって"体系的に整理して解説。〔内容〕マーケット・リスク／信用リスク／デリバティブズ価格に基づく市場分析とリスク管理

ニッセイ基礎研 津田博史著
シリーズ〈社会現象の計量分析〉2
株　式　の　統　計　学
12632-8 C3341　　A5判 180頁 本体2800円

現実のデータを適用した場合の実証分析を基に、具体的・実際的に解説。〔内容〕株式の統計学／基本統計量と現代ポートフォリオ理論／株価変動と回帰モデル／株価変動の分類／因子分析と主成分分析による株価変動モデル／株価変動の予測／他

D.ラムベルトン／B.ラペール著
慶大 森平爽一郎監修
ファイナンスへの確率解析
54005-1 C3033　　A5判 228頁 本体4300円

数理ファイナンスをより深めるために最適な原書第2版の翻訳。〔内容〕離散時間モデル／最適停止問題とアメリカン・オプション／Brown運動と確率微分方程式／Black—Scholesモデル／オプションの価格付けと偏微分方程式／金利モデル／他

南山大 沢木勝茂著
シリーズ〈現代人の数理〉8
ファイナンスの数理
12611-5 C3341　　A5判 184頁 本体3900円

〔内容〕資本市場と資産価格／ファイナンスのための数学／ポートフォリオ選択理論とCAPM／確率一般化とファイナンスへの応用／派生証券の評価理論／債券の評価理論／系時的資産選択モデルとその評価理論／リスク尺度と資産運用モデル

中大 小林道正著
ファイナンス数学基礎講座1
ファイナンス数学の基礎
29521-9 C3350　　A5判 176頁 本体2900円

ファイナンスの実際問題から題材を選び、難しそうに見える概念を図やグラフを多用し、初心者にわかるように解説。〔内容〕金利と将来価値／複数のキャッシュフローの将来価値・現在価値／複利計算の応用／収益率の数学／株価指標の数学

中大 小林道正著
ファイナンス数学基礎講座5
デリバティブと確率
— 2項モデルからブラック・ショールズへ —
29525-1 C3350　　A5判 168頁 本体2900円

オプションの概念と数理を理解するのによい教材である2項モデルを使い、その数学的なしくみを平易に解説。〔内容〕1期間モデルによるオプションの価格／多期間2項モデル／多期間2項モデルからブラック・ショールズ式へ／数学のまとめ

県立長崎シーボルト大 武藤眞介著
統計解析ハンドブック
12061-3 C3041　　A5判 648頁 本体20000円

ひける・読める・わかる——。統計学の基本的事項302項目を具体的な数値例を用い、かつ可能なかぎり予備知識を必要としないで理解できるようにやさしく解説。全項目が見開き2ページ読み切りのかたちで必要に応じてどこからでも読めるようにまとめられているのも特徴。実用的な統計の事典。〔内容〕記述統計(35項)／確率(37項)／統計理論(10項)／検定・推定の実際(112項)／ノンパラメトリック検定(39項)／多変量解析(47項)／数学的予備知識・統計数値表(28項)。

R.A.ジャロウ／V.マクシモビック／
W.T.ジェンバ編
東工大 今野　浩・岩手県立大 古川浩一監訳
ファイナンスハンドブック
12124-5 C3041　　A5判 1152頁 本体28000円

〔内容〕ポートフォリオ／証券市場／資本成長理論／裁定取引／資産評価／先物価格／金利オプション／金利債券価格設定／株式指数裁定取引／担保証券／マイクロストラクチャ／財務意思決定／ヴォラティリティ／資産・負債配分／市場暴落／普通株収益／賭け市場／パフォーマンス評価／市場調査／実物オプション／最適契約／投資資金調達／財務構造と税制／配当政策／合併と買収／製品市場競争／企業財務論／新規株式公開／株式配当／金融仲介業務／米国貯蓄貸付組合危機

上記価格（税別）は2001年2月現在